又见冰雪

赴一场冰雪文化盛宴

张贵海　祝劲松　侯卫东 / 主编

黑龙江科学技术出版社
HEILONGJIANG SCIENCE AND TECHNOLOGY PRESS

图书在版编目（CIP）数据

又见冰雪：赴一场冰雪文化盛宴 / 张贵海，祝劲松，侯卫东主编 . -- 哈尔滨：黑龙江科学技术出版社，2024.10. -- ISBN 978-7-5719-2594-9

Ⅰ . G812.735

中国国家版本馆 CIP 数据核字第 2024TZ9959 号

又见冰雪：
赴一场冰雪文化盛宴

YOU JIAN BINGXUE:
FU YI CHANG BINGXUE WENHUA SHENGYAN

张贵海　祝劲松　侯卫东 / 主编

选题策划	薛方闻　张云艳
责任编辑	陈　欣　张云艳
整体装帧	王绘艺术工作室
编排设计	王　宇　杨丽秋
出　　版	黑龙江科学技术出版社
	地址：黑龙江省哈尔滨市南岗区公安街 70-2 号　邮编：150001
	电话：（0451）53642106　传真：（0451）53642143
	网址：www.lkcbs.cn
发　　行	全国新华书店
制　　作	绘润版务（哈尔滨）制作有限责任公司
印　　刷	运河（唐山）印务有限公司
开　　本	787 mm×1092 mm　1/8
印　　张	22.75
字　　数	210 千字
版　　次	2024 年 10 月第 1 版
印　　次	2024 年 10 月第 1 次印刷
书　　号	ISBN 978-7-5719-2594-9
定　　价	298.00 元

【版权所有，请勿翻印、转载】

以冰雪诗句 书龙江篇章

何 晶

冰雪，是龙江最令世人惊艳的肤色，也代表着龙江的品格风骨、气韵神韵。

洁白无瑕、晶莹剔透的冰雪，在勤劳智慧的龙江人手中，成为巧夺天工的器物和景观、瑰奇绚丽的艺术和梦幻、亲近鲜活的互动和体验、动感激情的运动和竞技，从冰雪景观、冰雪艺术，到冰雪时尚、冰雪文化、冰雪旅游、冰雪体育……冰雪，作为龙江最具标志性的地域文化符号，诠释着这块土地上的人们特有的精神与格调。

冰雪如玉，产业如金。省委省政府忠诚践行习近平总书记"绿水青山就是金山银山，冰天雪地也是金山银山"发展理念，大力发展数字经济、生物经济、冰雪经济和创意设计产业等四大产业，先后出台了《黑龙江省冰雪经济发展规划（2022—2030年）》和《黑龙江省支持冰雪经济发展若干政策措施》，勾画了未来十年冰雪经济战略重点、发展路径；先后制定了《黑龙江省旅游业高质量发展规划》和《黑龙江省大力发展特色文化旅游实施方案（2024—2025）》。洁白的冰雪，在文化与旅游融合发展中，已经锻造成龙江的"金玉名片"，成为龙江高质量发展、可持续振兴的澎湃引擎，持续为龙江的经济社会发展注入强大的动力。

2024—2025年的冰雪季，龙江冰雪火爆出圈，冬日"尔滨"成为全网"顶流"，龙江全域掀起冰雪旅游热潮，哈尔滨国际冰雪节、齐齐哈尔雪地观鹤节、五大连池冬捕节……我们启动了全省冬季旅游"百日行动"，推出十大主题路线、百场美食盛宴、千台文旅盛事和万种龙江好物，为广大游客奉献了龙江冰雪文体旅游的盛宴，龙江文旅也在冰雪的冬日盛放中迎来了高光时刻：携程网发布的《2023—2024黑龙江冰雪旅游报告》显示，黑龙江在2023—2024年冰雪季相较于2019年创造了在线旅游人次145.59%的增长，在线旅游收入增长168.29%，领先于全国其他的冰雪旅游目的地。

回望前路，又见冰雪。龙江冰雪的火爆出圈，是省委省政府带领全省上下忠实贯彻习近平总书记"冰天雪地也是金山银山"重要论断的生动实践，得益于新时代新征程的振兴机遇，也得益于长期以来积淀深厚的冰雪文化底蕴。

作为文化与旅游厅长，我时常深思，要长期保持龙江冰雪文旅产业的量质齐升，让冰雪热潮长期保持热度不减，始终占领国内冰雪文化旅游的产业高地、价值高地，就要从"内涵"和"外延"两端发力。在外延上，要从冰雪出发，拥抱全要素、全领域，以"冰雪+万物"，构建龙江冬季文旅的大意象、大情境、大场景、大业态。在内涵上，深挖龙江深厚的冰雪文化底蕴，让这座文化宝库绽放出更璀璨夺目的光辉，为龙江冰雪产业拓展文化深度、提升价值高度、增添精神厚度。而黑龙江省冰雪产业研究院在哈尔滨体育学院党委领导下，以非凡的眼光、独到的视野、深厚的积淀、严谨的态度，编纂的这本《又见冰雪：赴一场冰雪文化盛宴》，就是高校和科研机构深挖龙江冰雪文化内涵和艺术精神，系统梳理龙江冰雪文化艺术特色和核心价值的一部佳作，细细览阅中启发颇多，深有共鸣之余更由衷地坚定做大做强龙江冰雪产业的坚强信心。

《又见冰雪：赴一场冰雪文化盛宴》，又见的是龙江冰雪的历史积淀和人文底蕴。我国地域幅员辽阔，冰雪是北方常见的自然景观，但唯有龙江人，在黑土之上创造了举世无双、独一无二的冰雪文化和冰雪艺术。早在1963年，哈尔滨就举办了第一届冰灯游园会，历经六十多年的历史发展，哈尔滨成为世界闻名的"冰城"和冰雪文化之都，雪乡、雪堡、冰瀑布、雪地观鹤等景观遍布龙江大地，更孕育出独特的冰雕、雪雕、冰灯和冰雪建筑景观，实现变极寒为极美、化冰雪为神奇。《又见冰雪：赴一场冰雪文化盛宴》以史入手，详实地回顾历史，追溯龙江冰雪文化与艺术的源流，理清这一历史发展脉络，向人们徐徐展开一幅龙江冰雪文化艺术的史诗画卷，具有很强的知识性和可读性，对不了解龙江冰雪文化历史的人来说，是一本难得的知识读本，更为初来龙江、初识龙江冰雪的游客提供了一份充满诚意的旅行指南。

《又见冰雪：赴一场冰雪文化盛宴》，又见的是龙江冰雪的艺术格调和精神内核。冰肌玉骨，龙江风骨。冰雪在岁月中，逐渐沉淀成一种文化基因，深深地渗透进龙江人的血液中，并通过千姿百态的艺术形式，呈现出独一无二的文化景观和精神画卷。这里面蕴藏的，是龙江大地特有的精神内核和艺术格调，是独特的艺术语汇与心灵观照。《又见冰雪：赴一场冰雪文化盛宴》以源、意、技、品、绎、游、赏为主线，分七大章节，从创意、造型、施工到景观落成，系统地讲述了龙江冰雪艺术的前世今生和发展历程，多维度、立体式地剖析了以冰雕、雪雕为代表的龙江冰雪艺术的原理构造、艺术格调、文化内涵和发展流向，对龙江冰雪文化符号的演绎和发展，对龙江冰雪人文精神以及所衍生出的冰雪文化、冰雪旅游、冰雪体育等，做了精妙和全面的解读，是一部龙江冰雪文化艺术的科普图书，以贴近大众、深入浅出的科学表达，让人爱不释卷、深受启迪。

《又见冰雪：赴一场冰雪文化盛宴》，又见的是龙江冰雪的蓬勃力量和光明未来。年年岁岁雪相似，岁岁年年人不同。龙江冰雪之所以能历经六十多年而长盛不衰，是始终保持与时代一同发展前进的精神脉搏，是守正创新、日日创新的追求和突破。从冰雕、雪雕到冰灯和冰雪建筑景观，从手工雕刻到大型工程设备的使用，从数字科技和人工智能的加持到时尚元素和社会人文各领域的融合，龙江冰雪历久弥新、追赶时代。《又见冰雪：赴一场冰雪文化盛宴》站在时代前沿，以大量生动鲜活、通俗易懂的案例和全面细致的解读，展望了龙江冰雪继续顺应历史潮流、走在时代前列的美好前景，部分内容具有很强的实践意义和创新价值。

掩卷深思，《又见冰雪：赴一场冰雪文化盛宴》的编纂，充分体现了哈尔滨体育学院在龙江冰雪产业领域的学科积淀和智力优势，三位主编的严谨艰辛和别具匠心，让人倍加钦佩。全书图文并茂、格调清新，对龙江冰雪文旅产业发展具有重要的积极意义。我们坚信，新时代新征程，质洁如雪、性情豪爽的龙江儿女，一定会抓住难得的历史机遇，以冰雪诗句书龙江篇章，在寒冷与热情的碰撞交融中，谱写更为绚烂多彩的冰雪赞歌，铸就更为伟岸豪迈的龙江品格。

序

一部即将付梓的著作放在我面前,仔细阅读后,我内心欣喜而久久不能平静。

哈尔滨的冰雪文化起源于20世纪60年代。当时,为了庆祝新春佳节和增添冬季的乐趣,哈尔滨创办了第一届冰灯展。自此以后,冰雪文化逐渐发展壮大,独特的冰雪魅力吸引着世界的目光,越来越多的人前来体验和欣赏,冰雪节成为哈尔滨冬季不可或缺的盛事。而这本关于哈尔滨冰雪文化渊源及发展的著作,无疑是对这座城市冰雪灵魂的一次深刻探索与精彩呈现。

作者团队以他们渊博的学识、细腻的笔触和严谨的治学态度,追溯了哈尔滨冰雪文化的起源。从古老的冰雪民俗到现代的冰雪艺术,从大自然赋予的冰雪资源到用人类智慧创造的冰雪奇迹,无一不在书中得到了详尽且生动的展现。

著作的一大特点在于其内容的丰富性和全面性。它涵盖了哈尔滨冰雪文化的各个方面,包括冰雪艺术、冰雪建筑、冰雪旅游等,为读者构建了一个立体而多元的冰雪文化体系。通过阅读,我们仿佛置身于一个冰雪的王国,全方位感受到冰雪文化的魅力。

同时,本书也详尽地阐述了哈尔滨冰雪文化的发展历程。它不仅仅是一部全面的历史记录,更是对哈尔滨人民在冰雪文化传承与创新道路上的不懈努力所作的赞歌。每一个阶段的发展,都伴随着时代的变迁和人们观念的更新,而作者精准地捕捉到了这些变化,并进行了深入的剖析。

此外,书中大量精美的图片与详实的数据相互映衬,使得抽象的文化概念变得直观可感。无论是古老的冰雪民俗照片,还是现代冰雪建筑的设计图,都为读者带来了强烈的视觉冲击,增强了对冰雪文化的理解和认知。

总的来说,这是一本兼具学术价值和阅读趣味的著作。它不仅为研究者提供了丰富的资料和全新的视角,也为广大读者带来了一场关于冰雪的文化盛宴。相信这本书的出版,将进一步推动哈尔滨冰雪文化的传播与发展,让更多的人领略到哈尔滨——这座北方的明珠城市的冰雪魅力与风情。

哈尔滨冰雪艺术大师

2024年8月

自序

2023冬季，哈尔滨冰雪大世界"网红"出圈，带动黑龙江省冰雪旅游人气爆棚，全国各地的朋友云集哈尔滨。很多游客来黑龙江赏冰乐雪，体验冰天雪地的人文生活。除了哈尔滨冰雪大世界的冰雕雪塑，全省各地制作了不同形态的冰雪造型，让南方游客对美轮美奂的冰雪雕塑赞不绝口。到黑龙江看冰灯，成为冬季旅游的不二选择。

说起冰灯话就长了，其实，冰灯是冰雪与灯光的艺术组合，冰灯是冰雪匠人的匠心映射，是雕塑艺术赋能冰雪的变形和体现，冰是骨骼，光是灵魂。清澈的冰，洁白的雪，在匠人巧夺天工的雕琢下，熠熠生辉，流光溢彩，这也让很多南方朋友惊诧惊喜又惊叹，一边欣赏冰灯，一边迸发若干个"为什么"。为了让朋友们了解冰灯的来龙去脉，让观赏、欣赏、鉴赏的冰雪艺术凝结成留恋的符号，黑龙江省冰雪产业研究院联合哈尔滨学院冰雪文化艺术研究中心、哈尔滨市冰灯办，组织省内外从事冰雪创意、雕塑、研究、教学的部分专家、教师和能工巧匠，结合自己的创作经历、雕塑经验、工作履历，以冰灯为载体做一次大众化冰雪艺术的科普。

为了在2024冬季冰雪季前让朋友们看到这本书，我们做了专题分工。根据每个人的擅长领域，分成七章。第一章由哈尔滨市冰灯艺术博览中心规划设计部主任、太阳岛冰雪发展筹备办公室主任侯卫东执笔开篇。第二章由哈尔滨市第46中学校特级美术教师姜晓斌和哈尔滨学院冰雪文化艺术研究中心主任祝劲松共同撰写。第三章由祝劲松主任一挥而就。第四章是长春工程学院艺术设计学院公共艺术系主任付振宇的心血结晶。第五章由黑龙江省冰雪产业研究院院长张贵海、哈尔滨体育学院李松梅教授携徐雨露、严守梅两位硕士研究生共同完成。第六章承蒙黑龙江外国语学院冰雪文化艺术中心负责人魏玉香的辛勤付出；特别感谢中国节事与旅游发展大会副秘书长、著名冰雪诗人李刚为本章提供散文诗。第七章是在祝劲松老师的统筹下参编人员的集体硕果。在编写过程中得到黑龙江科学技术出版社的鼎力支持，张云艳编辑为此奔波协调，搜集资料、拷贝照片、论证内容。哈尔滨科学技术职业学院教师谢良辰对图片进行整修和美化，付出很多辛苦。编写中黑龙江日报社记者黎纲峰加入，他提供了很多照片和线索。本想增加一章"冰雪群英谱"，怎奈编写时间有限，有很多冰雪领域的大人物或离世，或去外地，未能付诸丹青，考虑本书的权威性和实效性，留待以后再编写。

冰天雪地不仅给了我们素材，更给了我们灵感。冰灯艺术大众化、市场化的旅游发展之路，不仅给游客创造了赏心悦目的感受，更为冰天雪地创造了财富。行文至此，感谢冰雪之路的开拓者、同路人。因为有你们，龙江冰雪更精彩。

本书编写时间仓促，难免挂一漏万，会有很多值得推敲之处。好在创新无所不在，冰灯艺术也在与时俱进。我们期待读者的反馈，让本书日臻完美。

目录
CONTENTS

第一章 冰雪之源
BINGXUE ZHIYUAN

01. "冰城"冰灯概述 / 004
由冰灯笼发展而来的冰雪艺术 / 004
松花江里纯净的天然冰 / 006
冰雪之花的怒放——中国·哈尔滨国际冰雪节 / 009
世界冰雕艺术的顶级展现——中国·哈尔滨国际冰雕比赛 / 012

02. "冰城"硕果 / 014
天工雪韵——太阳岛雪博会 / 014
世界最大的冰雪主题乐园——哈尔滨冰雪大世界 / 020

03. 冰雪艺术的推广 / 024

第二章 冰雪之意
BINGXUE ZHIYI

01. 冰雪雕塑的艺术特征 / 028
雕塑的艺术形式 / 028
雕塑与冰雪雕塑的表现形式 / 030

02. 冰雪雕塑的创作原则 / 032

03. 冰雪雕塑创作的素材 / 033
创作理念之主题性 / 033
创作理念之新颖性 / 035
创作理念之民族性 / 036
创作理念之时代性 / 038
创作理念之情感表达 / 040

04. 冰雪雕塑的图形设计 / 043
冰雕的构图与设计表现 / 043
雪雕的构图与设计表现 / 045
工程类冰雪雕塑作品构图与设计表现 / 046
冰雪雕塑作品中图形的"破" / 046
冰雪雕塑作品中图形设计表达 / 048

第三章 冰雪之技
BINGXUE ZHIJI

01. 冰雪雕塑的材料选取 / 056
材料概念和分类 / 056
冰质材料的属性及选取过程 / 057
雪质材料的属性及选取过程 / 058
冰雪材质的发展与非冰材料的使用 / 059

02. 冰雪雕塑的制作工具及防护设备 / 060
冰雪雕塑工具发展历程回顾 / 060
冰雪雕塑制作工具 / 061
冰雪雕塑制作的防护设备 / 063

03. 冰雪雕塑的加工方式及制作技法 / 064
冰雪雕塑的加工方式 / 064
冰雪雕塑的制作技法 / 066
冰雪雕塑的制作程序 / 070

第四章 冰雪之品
BINGXUE ZHIPIN

01. 品工艺之美 / 076
赏冰雪建筑之美 / 076
赏冰雕之美 / 078
赏冰雕之透 / 079
赏冰雕之精 / 079
赏冰雕之光 / 082
赏雪雕之美 / 083
赏雪雕线条 / 083
赏雪雕体积 / 085

02. 品量感之美 / 086
欣赏冰雪雕塑之规模 / 086
欣赏冰雪雕塑之尺度比例 / 087
欣赏冰雪雕塑的位置与效果 / 089
欣赏冰雪雕塑的角度与效果 / 089
欣赏冰雪雕塑的最佳位置 / 089

03. 品内涵之美 / 092
品冰雪雕塑之内涵 / 092
品冰雪建筑之内涵 / 093
温馨提示：欣赏冰雪艺术的注意事项 / 095

第五章 冰雪之绎
BINGXUE ZHIYI

01. 冰雪雕塑的艺术演进 / 098
冰雪雕塑材料的延伸 / 098
冰雪雕塑技术的演进 / 100
冰雪雕塑创作主题的演进 / 102
冰雪雕塑创作理念的演进 / 102
雪雕设计理念的演进 / 104
冰雪雕塑灯光的演进 / 104
冰雪雕塑的跨界的演进 / 107

02. 冰雪雕塑的国内外拓展 / 108
冰雪文化交流 / 108
国外冰雪雕塑大观 / 111
冰雪雕塑的时空演进 / 130

03. 冰雪雕塑的呈现效果 / 122
激光投影 / 122
电玩时空与冰雪雕塑 / 122
冰雪互动装置游戏 / 123
VR、AI 虚拟时空介入畅想 / 125
元宇宙 / 126

第六章 冰雪之游
BINGXUE ZHIYOU

01. 冰雪奇缘：哈尔滨中央大街的冬日童话 / 130
02. 冰的世界，雪的梦想：探秘冰雪大世界 / 132
03. 雪域花园：寻找太阳岛的冬日魅力 / 134
04. 光影冰雪：兆麟公园的冬日奇景 / 136
05. 冰雪中的时空之旅：中华巴洛克文化街区冬景赏析 / 138
06. 冬日童话：伏尔加庄园的俄罗斯幻境 / 140
07. 滑雪者的天堂：探索亚布力的冬季魅力 / 142
08. 极光之下：漠河冬季探秘 / 144
09. 冰雪网红打卡地：欧亚之窗 / 146
   游玩指导 / 148

第七章 冰雪之赏
BINGXUE ZHISHANG

01. 冰雕作品赏析 / 152
02. 雪雕作品赏析 / 159

第一章 冰雪之源

北国风光，千里冰封，万里雪飘……

对于生活在我国北方的各族人民来说，冰雪就是生存所面临的自然环境，接受及利用冰雪是必然的选择。

最原始的冰灯，相传是松嫩平原上的马夫及松花江沿岸的渔民，在冬季的夜间为了坚持生产，而制作出的照明工具。用水桶做模具，将水冻成冰坨子，水未冻实前拿入屋中缓热，将冰坨子取出，凿开顶心，倒出中间未冻的清水，放上一盏灯，即成冰灯。虽有寒风围绕，光亮不灭。

而松花江流域最早的冰灯记载见于清代学者西清所著的《黑龙江外纪》，书中写道："上元，城中张灯五夜，村落妇女来观剧者，车声彻夜不绝。有镂五六尺冰为寿星灯者，中燃双炬，望之如水晶人。"

坐落在松花江畔的哈尔滨，素有"冰城"之称。清末《黑龙江乡土志》记载"八月（旧历）见霜，九月见雪，冬日坚冰如铁"。

随着中东铁路的建成，大量的俄侨到来，他们经常利用松花江天然冰做十字架等供祭祈使用，这些是早期的民间文化活动的"印记"。

自然环境优越，中西方文化交融，哈尔滨经历了彩灯—冰灯—冰雕—雪塑的演变轨迹历程，作为现代中国冰雪文化的奠基者、领路者誉满海内外。

1 "冰城"冰灯概述

"冰城"哈尔滨是中国冰灯艺术的发源地。哈尔滨有组织的冰灯制作与展览活动自1963年起迄今已走过了六十余年的历程，名声享誉国内外。哈尔滨冰灯，被列为省级非物质文化遗产，被国家旅游局列为全国37个"绝奇美胜"旅游景点之一，被黑龙江省政府授予"龙江老字号"称号。从此冰雪艺术就成为铭刻在哈尔滨人心灵深处不可磨灭的记忆！几乎每一个家庭都会有一些有关冰雪景观的黑白老照片，画面呈现的是满满的幸福回忆和对亲人们的无限思念。

作为世界四大冰雪节之一的"哈尔滨国际冰雪节"也是享誉全世界的（哈尔滨国际冰雪节、日本札幌雪节、加拿大魁北克冬季狂欢节、挪威奥斯陆滑雪节并称为世界四大冰雪节）。哈尔滨国际冰雪节（每年的1月5日），是世界上活动时间最长的冰雪节，它只有开幕式，没有闭幕式，一直持续到2月底冰雪活动结束，其间包含了元旦、春节、元宵节、滑雪节四个重要的节庆活动。每年一度的哈尔滨国际冰雪节，以"主题经济化、目标国际化、经营商业化、活动群众化"为原则，不仅是中外游客旅游观光的热点，还是国内外客商开展经贸合作、进行友好交往的桥梁和纽带。

由冰灯笼发展而来的冰雪艺术

哈尔滨市区地域平坦、低洼，东部多山及丘陵，中部有松花江流过，山势不高，河流纵横，平原辽阔。位于东经125°42′～130°10′、北纬44°04′～46°40′之间，属中温带大陆性季风气候，四季分明，冬季漫长寒冷，相比之下，夏季则显得短暂而凉爽。春、秋季气温升降变化快，属于过渡季节，时间较短。全年平均气温5.6℃，最高月平均气温23.6℃，最低月平均气温－15.8℃，冬长夏短。年平均降水量423毫米，主要集中在6—9月，无霜期168天。

地理条件决定了地域习俗，当地居民每到冬季就会制作冰灯笼用于夜晚户外照明或节日期间增加喜庆气氛。制作方法是使用水桶等容器盛满清水后置于户外冷冻，待冷冻出一定厚度的冰壳后，在上方打孔，将中间未冻的清水倒出，这样就形成了一个空心的冰灯罩。然后将冰灯罩与水桶脱离后放入油灯或蜡烛，便做成了不会被风吹灭的冰灯笼，摆放在自家门前可用于照明。节日期间，可在其表面粘贴纸花或打孔穿上绳子让孩子们提着玩。绚丽多彩的冰灯笼映照着孩子们一张张纯真稚嫩的脸庞，欢声笑语点亮了黑夜。这种北方民间自制的冰灯笼也被叫作"穷棒子灯"，这是过去松花江流域一带农夫或渔民的一种简易的照明方法。

1963年春节期间，时任哈尔滨市委第一书记的任仲夷和市长吕其恩在走访、检查街道工作时，偶然发现了摆放在老百姓家门口的这种"穷棒子灯"，顿时眼前一亮，这不就是哈尔滨的特产嘛！这不就是哈尔滨人自己的花灯嘛！

当时国家正处于暂时的经济困难时期，为使哈尔滨的冬季热闹起来、哈尔滨市民的精神文化生活丰富起来，任仲夷与吕其恩立刻开始研究并亲自试验制作这种"冰灯"。同时号召相关领导及部门，当年的正月十五元宵节不仅要让哈尔滨市民"闹花灯"，还要闹出自己的特色来——找能工巧匠使用民间的方法制作"冰灯"进行展览，取名叫"冰灯游园会"，地点选在兆麟公园。（兆麟公园始建于1906年，是哈尔滨建埠后形成时间最早的公园之一。位于松花江南岸，距离中央大街仅200余

《冰花》

1963年第一届冰灯游园会的冰灯

米。)

1963年2月3日，也就是当年的正月初十，在无经验、无设计图样的情况下，市园林处动员调集全系统800余职工分工筹备，以兆麟公园职工为主，用脸盆、水桶等各种容器冷冻多样式的冰灯。历经4个昼夜的忙碌，赶制出了千余盏形色各异的"冰灯"。里面安装上电灯泡或蜡烛，外面粘上纸花或涂上彩绘加以装饰，在兆麟公园将它们摆放在桥头、路边、河岸、山坡上……

哈尔滨艺术学院的师生们也赶来了，利用园内的天然雪制作了一个长4米、高2米的大象造型的雪雕作品，取名"万象更新"。

哈尔滨市道外区南马路牛羊类加工厂的职工们利用工厂的冷冻设备连夜制作了几十个冰花（在冷冻冰槽子内放置绢花等物品冷冻出的透明冰块体），也送到兆麟公园来。

1963年2月7日晚，哈尔滨第一届冰灯游园会开幕，千盏冰灯齐放，照亮了夜空，也将兆麟公园装饰得美轮美奂。得到消息的市民迫不及待地从四面八方涌来，整座城市沸腾了。习惯"猫冬"的哈尔滨市民纷纷召唤亲朋好友前来兆麟公园观看冰灯盛况。

游园会门票成年人5分钱、儿童3分钱，游人争相购买。当时的兆麟公园人山人海，就连周边相邻的街道也被游人包围，潮水般的人群险些把兆麟公园的大门挤破，守门人员根本无法收门票，为了安全只好打开大门，任人涌入。当晚前来观看灯会的市民达5万余人次。原计划举办3天的冰灯展览，因过于火爆，只好延期了3天。6天的展览期共接待游人25万余人次。哈尔滨这一年的冬天不再寂寞了。

1963年2月7日，这一天是中国冰雪艺术发展的里程碑，它是我国第一次有组织的冰灯展览游园活动，从此哈尔滨走上了冰雪艺术之路，这座城市也多了一个"冰城"的称号，冰雪艺术成为这个城市的象征和骄傲！

随着日后的发展，哈尔滨冰灯游园会催生和带动了哈尔滨冰雪文化、冰雪旅游和冰雪产业的发展，哈尔滨太阳岛国际雪雕艺术博览会、哈尔滨冰雪大世界都是在此基础上衍生发展而来的。

雪雕作品《万象更新》

松花江里纯净的天然冰

经历了第一届冰灯游园会的盛况，经过总结，有了充足的时间对第二届冰灯游园会进行筹备。智慧的哈尔滨人首先想到的是去我们的母亲河——松花江上开采天然冰。有了天然冰来制作冰灯就不会受冰块体积与数量的限制了，就可以设计和建造大型的冰建筑与冰雕刻，效果大幅提升，而且透明度大大增加，使哈尔滨的冰灯发生了质的变化，掀开了中国现代冰灯艺术的新篇章。

与第一届相比较，第二届冰灯游园会不仅用上了天然冰，而且有了提前的规划设计。在冰灯笼的基础上又增加了许多新品种，开始有了动物、人物、植物盆景的冰雕刻和冰塔、冰桥、冰花坛等冰建筑，代表作品有大型冰雕——工农兵群像，大型冰建筑——冰晶宫。同时，还出现了冰雪娱乐项目——雪爬犁，做到了观赏与娱乐体验相结合。这一届的冰灯游园会，从形式到内容，从品种到灯光，都比首届有了显著提高，展出期也延续至45天，观众达70万余人次。

1964年在松花江上开采天然冰

大型冰建筑——冰晶宫

大型冰雕——工农兵群像

冰桥

第二届冰灯游园会招贴

冰盆景

冰雪娱乐项目——雪爬犁

冰雕制作

冰花坛

而后,哈尔滨冰灯游园会的举办规模一年比一年大,展出地点也由兆麟公园扩展到儿童公园、道外公园等,观众也在逐年增加。1965年的第三届冰灯游园会在内容和形式上有了新的突破,勤劳智慧的哈尔滨人将冰制艺术品赋予了丰富的政治思想,冰灯制作也扩展到全市各行各业,成为群众性的冰雪艺术活动。代表作品有《红旗塔》,塔身正面刻

《红旗塔》　　　　　　　　　　　　　　　　《梅花盛开》

冰塔

冰广告

1966年冰灯景观

冰上表演

有"高举毛泽东思想红旗奋勇前进！"的金色大字，塔下配以工农兵组冰雕像及大型冰盆景《梅花盛开》等。

1966年第四届冰灯游园会用冰量1200立方米，接待游客90万人次。并且，首次出现了冰体广告及冰上表演活动。冰灯作品在造型设计及制作工艺上更是达到了空前的高度。至此，哈尔滨冰灯已在国内扬名，各地方报纸争相报道。北方其他城市的相关部门纷纷派团专程前来参观和学习哈尔滨冰灯游园会的举办经验和冰灯制作技术。

冰雪之花的怒放——中国·哈尔滨国际冰雪节

因受"文化大革命"的影响，1967—1978年，哈尔滨冰灯游园会中断了。直到1979年，党的十一届三中全会举行之后，哈尔滨冰灯艺术又重新焕发了生机和活力。

第五届哈尔滨冰灯游园会南门

中断了十二年之久的第五届哈尔滨冰灯游园会于1979年元旦再度向游人开放。冰灯题材范围也逐渐打破了"突出政治"的单一形式而变得多样化，艺术水平更是有了很大程度的提高。在兆麟公园南门入口处，用冰砌成的具有民族特色的门楼，宏伟壮观；冰雕作品《天鹅展翅》《嫦娥奔月》《天女散花》《玩童戏龙》《三打白骨精》集故事性与趣味性于一体；《孔雀开屏》冰花坛雕刻得晶莹纤巧、栩栩如生。

冰灯中的灯光设置和声音搭配也有了新的进展，电子机械等现代科技手段被更多地运用到冰灯制作的工艺中来。本届冰灯游园会还诞生了中国第一个冰滑梯——两米高的大象滑梯，增添了冰雪娱乐项目，使游人的参与感更强了。

冰花坛《孔雀开屏》

冰雕作品《天鹅展翅》

冰雕作品《玩童戏龙》

二十世纪八十年代，是中国激情流溢的年代，是理性回归的年代，是复兴崛起的年代。因此，这个时代中的哈尔滨冰灯也在朝气蓬勃、大跨步地发展。1979年以后的哈尔滨冰灯游园会建设扩大了选材范围和文化内涵，古今交融，中西合璧，天文、地理、历史、科技，远古的蛮荒、现代的文明、未来的畅想，都通过冰灯艺术的形式得以体现。

1985年，哈尔滨冰灯的名声已享誉海内外。每年冬天来哈尔滨进行冰雪旅游的中外游客络绎不绝，"冰灯"也成了哈尔滨的代名词。勤劳智慧的哈尔滨人进一步挖掘冰雪热能，开发冰雪资源，推出了以冰雪艺术、冰雪体育、冰雪文化、冰雪旅游、冰雪经贸为内容的哈尔滨国际冰雪节，并于1985年1月5日在冰灯游园会所在地兆麟公园的南门外举行了隆重的开幕式，宣布，以后每年1月5日定为哈尔滨人特有的地方性节日。

每年一度的哈尔滨国际冰雪节，以"主题经济化、目标国际化、经营商业化、活动群众化"为原则，集冰雪艺术、大型歌舞晚会、冰上婚礼、摄影比赛、图书博览会、经济技术协作洽谈会、经协信息发布洽谈会、物资交易大会、专利技术新产品交易会于一体，吸引游客多达百余万人次，经贸洽谈会成交额逐年上升。哈尔滨国际冰雪节不仅是中外游客旅游观光的热点，还是国内外客商开展经贸合作、进行友好交往的桥梁和纽带，同时也极大地提高了城市的知名度。

从松花江上古老的渔灯，到兆麟公园里绚丽的冰灯艺术，随着中国·哈尔滨国际冰雪节的蓬勃发展、日益壮大，哈尔滨冰灯艺术成为世界冰雪文化艺术长河中一枚独特的瑰宝，在中国冰雪艺术发展史上具有重要的历史地位。江泽民、胡锦涛、李鹏、乔石、李瑞环、田纪云、钱其琛、李铁映等国家领导人都曾参观过冰灯游园会并挥毫题词，给予了高度评价；一些国家首脑、驻华使节、国际友人和广大海外侨胞、港澳台同胞也都不远万里，慕名来哈尔滨观赏冰灯。

1982 年第八届冰灯景观《梅园赏雪》

1981 年第七届冰灯景观《航天入云》

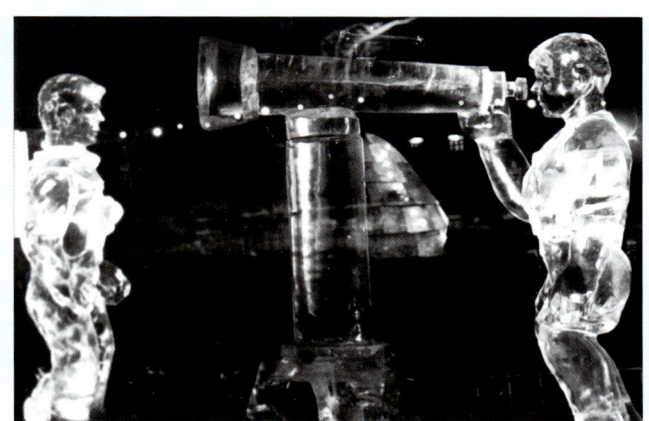

1982 年第八届冰雕景观《少先队员观测星空奥秘》

1984 年第十届冰灯景观《三塔鼎立》

1983 年第九届冰灯景观《天坛》

世界冰雕艺术的顶级展现——中国·哈尔滨国际冰雕比赛

中国·哈尔滨国际冰雪节的冰雪艺术盛况及影响力不断扩大,并受到世界各地冰雕艺术家们的极度关注。于是,1987年1月,在兆麟公园哈尔滨冰灯游园会首次举办了中国·哈尔滨国际冰雕比赛,此赛事得到了世界各地政府及冰雕艺术家们的大力支持,增强了国际间冰雕艺术的文化交流,也为哈尔滨国际冰雪节增添了一笔浓重的绚丽色彩。自2015年起,比赛场地由兆麟公园迁至哈尔滨冰雪大世界园区,迄今已经成功举办了35届。

中国·哈尔滨国际冰雕比赛是中国·哈尔滨国际冰雪节的重要文化艺术活动内容,由哈尔滨市政府外事办负责邀请。每年1月6日至8日,来自世界五大洲十几个国家和地区的著名冰雕艺术家献艺竞技,切磋技艺,交流思想,增进感情。迄今已接待了全国各地,

1987年,中国·哈尔滨国际冰雕比赛在兆麟公园举行

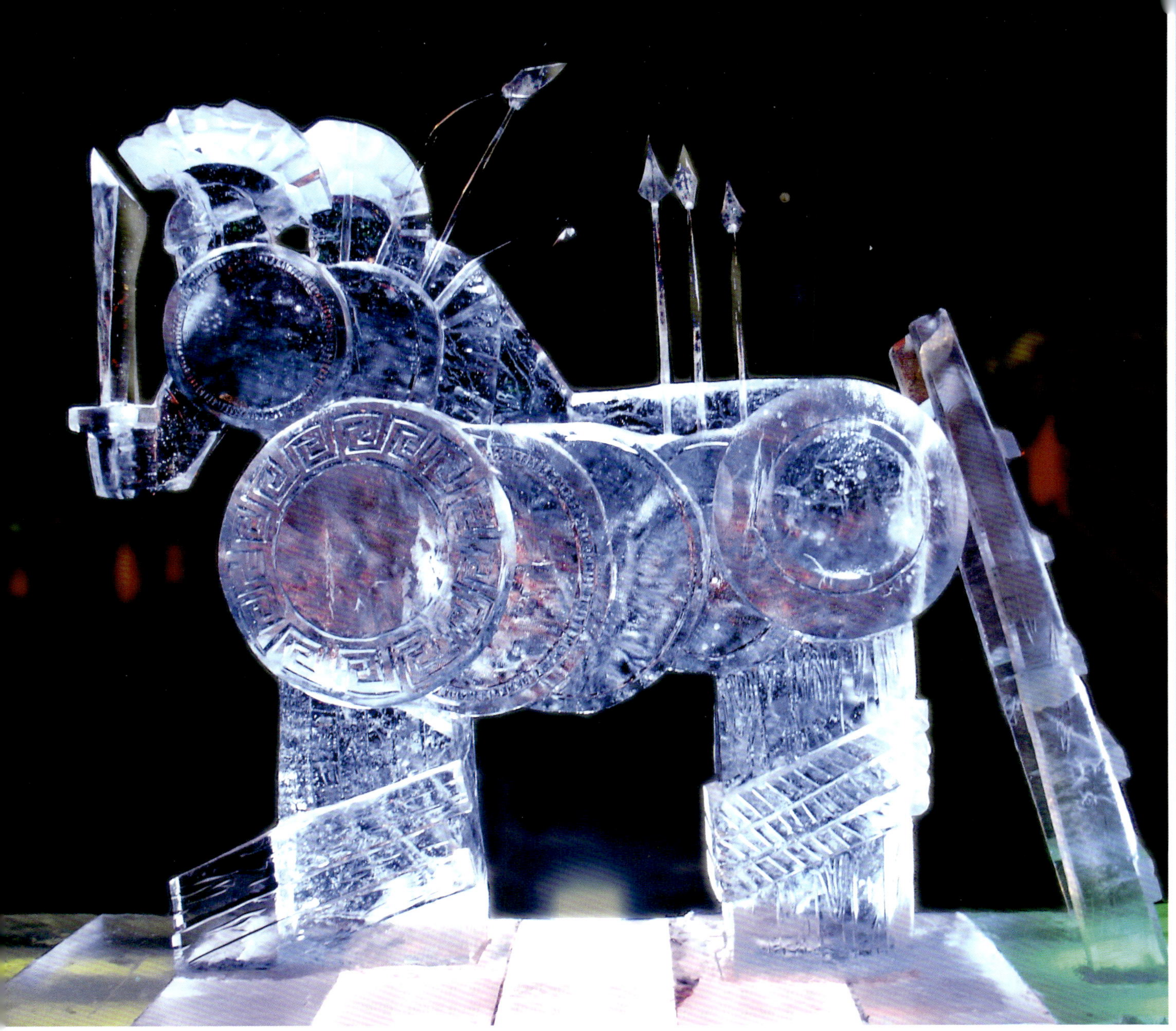

中国·哈尔滨国际冰雕比赛部分作品

以及日本、俄罗斯、新加坡、美国、加拿大、英国、法国、荷兰、比利时、丹麦、韩国、瑞士、瑞典、马来西亚、印度、秘鲁等五十多个国家的代表队近千名冰雕艺术家，为哈尔滨同世界冰雪文化艺术交流做出了巨大贡献。

2 "冰城"硕果

从松花江上古老的渔灯，到兆麟公园绚丽的冰雕，再到太阳岛国际雪雕艺术博览会、哈尔滨冰雪大世界，哈尔滨的冰雪艺术已经走过了60余年的光辉历程。哈尔滨冰灯游园会的蓬勃发展催生和带动了哈尔滨冰雪文化、冰雪旅游和冰雪产业的活跃，哈尔滨太阳岛国际雪雕艺术博览会、哈尔滨冰雪大世界都是在此基础上衍生发展而来的。

天工雪韵——太阳岛雪博会

哈尔滨是中国冰雪艺术的发源地，而哈尔滨太阳岛国际雪雕艺术博览会则是中国雪雕艺术的起源地，也是目前国内开发最早、规模最大的以雪为主题的冬季主题游乐园。据说，早在20世纪初，就有关于居住在太阳岛的俄侨和华人在冬季做冰雕雪塑的记载。人们利用太阳岛上充足的天然雪资源做雪雕，其形式有浮雕、圆雕等。太阳岛风景区的河流、林地、生态是哈尔滨独一无二的，是一处由冰雪文化、民俗文化等资源构成的多功能风景区。冬季有林海，夏季属于典型的江漫滩湿地草原型景区，地处湿地低洼处，松花江江堤和树木的环绕起到了天然的防风屏障作用，同时太阳岛空气优良，水质无污染，使得雪雕作品质量好、保存周期长。

1988年12月中旬，第五届哈尔滨冰雪节筹备期间，几场大雪相继飞临冰城。为了给冰雪节添砖加瓦，增加活动内容，太阳岛风景区的领导组织职工在7天的时间里利用铁锹、铁铲等最原始的工具收集天然积雪，在岛内太阳湖及其南岸堆塑了《梅花鹿》《北极熊》等20余件雪雕作品。而后，又组织了"哈尔滨冰雪节首届雪雕比赛"，由41个队伍123人参加的雪雕比赛于1989年1月10日至12日在太阳湖冰面上举行，创作了《春之声》《月亮神》等41件雪雕作品。

当年比赛产生的雪雕作品和太阳岛职工制作的雪雕作品60余件共同亮相展出，展出期20天，接待国内外游客3万余人次。这就是第一届哈尔滨雪雕游园会，在有着"都市雪乡"之称的太阳岛上成功举办，从此开启了中国雪雕艺术的新纪元。它不仅丰富了太阳岛冬日的景观，彻底改变了太阳岛冬季半年闲的冷清局面，而且填补了哈尔滨冰雪节有冰无雪的空白，还使中国从此有了雪雕艺术，发展了冰城乃至中国的冰雪文化，充实了世界雪雕艺术的宝库。

早期使用天然雪制作的雪雕作品

从1991年开始，太阳岛逐步使用造雪机进行人工造雪，由于天然雪含水量低、松软、黏合力差，制雪块困难，而且在收集天然积雪的过程中难免会掺杂沙尘、枯枝败叶，雕出的作品颜色不白，不抗风吹日晒，展出时间较短。造雪机造的雪颗粒小、密度大、色泽白、抗风化、耐日晒，在寒冷气候条件下制出的雪坯坚硬挺实，利于切割和雕琢。

太阳岛有了造雪机之后，雪雕的原料和质量有了一定的保证，改变了"看天雕雪"的历史。从此，哈尔滨的雪雕进入了快速发展时期。到了1999年，为迎接新千年的到来，哈尔滨为开展"新千年庆典活动"而建造的雪雕游园会正式更名为"哈尔滨太阳岛国际雪雕艺术博览会"，它标志着哈尔滨雪雕正式进入繁荣时期。而太阳岛雪博会这个名字也正式走进了人们的心里。

历经多年的钻研、探索，太阳岛国际雪雕艺术博览会涌现出一大批令世人叹为观止且具有国际影响力的雪雕精品。

第十五届（2002年）太阳岛国际雪雕艺术博览会主塑《悠悠牧羊曲》现已永久落户太阳岛风景区，成为太阳岛文化元素之一。

第十九届（2006年）太阳岛国际雪雕艺术博览会主塑《尼亚加拉风光》，荣获上海大世界吉尼斯总部授予的"最长的雪雕"证书。曲线长度256.56米。

第三十六届（2023 年）太阳岛国际雪雕艺术博览会主塑《雪绒花》建设规格：长 100 米，高 30 米，宽 18 米，用雪量 3.5 万立方米。作品表现的是美丽少女头戴雪花皇冠，面露微笑地带给人间美好祝福，飘逸的长发寓意着万物生机和风情浪漫，萌萌的雪娃伸出大拇指赞美着生活的美好。其流畅的线条、妩媚的身姿深受游客的喜爱。

第二十七届（2014 年）太阳岛国际雪雕艺术博览会主塑《绽放》入选《赫芬顿邮报》2014"全球 50 个历史时刻"，是唯一位列其中的世界冰雪景观。

第三十届（2017 年）太阳岛国际雪雕艺术博览会主塑《雪颂冬奥》六次被中央电视台报道。

第三十四届（2021 年）太阳岛国际雪雕艺术博览会主塑《冬奥·太阳岛之旅》以 2022 北京冬奥会、冬残奥会吉祥物冰墩墩和雪容融为原型设计建造，成为游客打卡首选，也是目前太阳岛雪博会最大的单体卡通雪塑作品。

第一章 冰雪之源

如今的太阳岛雪博会,除核心景观区外,还增加了更多的冰雪活动区、冰雪赛事区、江上拓展区,如金水河江上娱乐互动区、索道沙滩冰雪娱乐区、三联码头泼雪节区及锦江里冰雪赛车营地区、寒地萌宠乐园、俄罗斯冬季风情小镇等。

哈尔滨太阳岛国际雪雕艺术博览会是哈尔滨国际冰雪节的重要组成部分,更是集国际性、艺术性、参与性、观赏性、趣味性、娱乐性、生态性于一身的雪雕盛宴和冰雪嘉年华。享誉国内外的国际雪雕比赛、全国雪雕比赛、全国大学生雪雕比赛等五大赛事的成功举办,充分展示了太阳岛雪博会的冰雪文化内涵和独特魅力。规划设计的不断创新,从二维到三维空间的立体展现,从白色雪雕到水墨画色彩元素的融合,无不彰显了太阳岛雪博会对雪雕艺术的创新和热爱。

历届太阳岛国际雪雕艺术博览会的部分雪雕作品

第一章 冰雪之源

第一届哈尔滨冰雪大世界

世界最大的冰雪主题乐园——哈尔滨冰雪大世界

中国·哈尔滨冰雪大世界始创于 1999 年。为迎接新世纪的到来，当年联合国拟以电视实况直播形式播出各国参与的庆典活动。经过多轮评选，哈尔滨有幸以其冰雪特色入围，并代表中国参加全世界电视实况直播千年庆典活动。为了迎接 2000 年这一旷世盛典，哈尔滨市委、市政府决定，凭借哈尔滨的冰雪时节优势，在松花江江心沙滩建起一座冰雪迪士尼乐园，以冰雪艺术形式展现哈尔滨市独特的城市风貌。

哈尔滨以中国北方最具特色的旅游名城成为与中华人民共和国文化和旅游部联办神州世纪首游的唯一城市。第一届哈尔滨冰雪大世界时逢千年庆典，千载难逢，为了使千年庆典神州世纪游活动办得更加隆重热烈，哈尔滨市政府决定第一届哈尔滨冰雪大世界开幕式于 1999 年 12 月 31 日与哈尔滨千年庆典神州世纪游首游式同时举行。

面对千载难逢的历史性机遇，充分发挥哈尔滨的冰雪地域优势，运用超大型冰雪艺术精品工程——哈尔滨松花江冰雪大世界，向世人展示北方名城哈尔滨冰雪文化和冰雪旅游的独特魅力。中央电视台通过卫星向全世界转播了庆典盛况。当时还举办了规模盛大、场面壮观的大型焰火晚会和千年庆典狂欢夜大型群众活动，彰显了哈尔滨独具特色的冰雪魅力。

松花江冰雪大世界工程气势恢宏、匠心独具、魅力独特，融思想性、趣味性、观赏性、参与性、娱乐性于一园，创造了哈尔滨冰雪建筑作品七个历史之最。建设地点位于哈尔滨松花江段江心沙滩，全长 1030 米，最宽处 25 米，总占地面积近 20 万平方米，总用冰量 6 万立方米，总用雪量 13 万立方米。2001 年第三届冰雪大世界向北迁移至江北哈黑公路东侧上坞区，总体布局以现有的道路为骨架，结合地形地貌，沿上坞堤布园置景。2010 年第十二届哈尔滨冰雪大世界整个园区又向北平行迁移 1500 米，迁移后，面积扩大到 60 万平方米，景观数量及体量增加一倍。

随着哈尔滨冰雪大世界知名度的提升，每年都吸引着数百万的国内外游客在冰雪节期间来哈尔滨旅游。胡锦涛、李鹏、王兆国等国家领导人及多国驻华使节都曾亲临参观哈尔滨冰雪大世界，均给予了高度赞誉。

2004 年，哈尔滨冰雪大世界被文化部授予"全国文化产业示范基地"称号；2006 年哈尔滨冰雪大世界在澳门获得由世界华商协会授予的文化艺术特殊贡献奖；2016 年荣获文化和旅游部颁发的"中国特色旅游商品评选活动"银奖；2016 年荣获文化和旅游部颁发的"2015 年度中国旅游产业投资百强企业"；2020 年荣获第四届 IAI 国际旅游奖银奖；2021 年 5 月荣获 2021 中国文旅企业影响力品质榜 - 品质文旅项目"摩天奖"；2023 年 4 月荣获第十四届虎啸奖。冰雪大世界已经成为哈尔滨市的一张冰雪旅游名片。

2023年11月,第二十五届哈尔滨冰雪大世界的工程建设拉开帷幕。以"龙腾冰雪 逐梦亚冬"为主题,园区占地面积81万平方米,总用冰和用雪量为25万立方米,将2025年哈尔滨亚冬会与龙江地域文化、冰雪文化结合起来进行创作,为世界各地游客打造一座集冰雪艺术、冰雪文化、冰雪演艺、冰雪建筑、冰雪活动、冰雪体育于一体的冰雪乐园,成为历史上规模最大的一次冰雪盛会。

第二十五届哈尔滨冰雪大世界14滑道冰滑梯

主塔"冰雪之冠"位于园区恢弘的主轴线上,是整个园区的灵魂。"冰雪之冠"高43米,相当于16层楼高,用冰量1.3万立方米,是园区内最高、单体最大的冰体建筑景观。主塔设计以传承、创新、发展为理念,体现龙江腾飞和振兴龙江的精神。

网红项目超级冰滑梯由以往的8条滑道增加到14条,最长滑道长达521米,在规模、长度和占地面积上均创

第二十五届哈尔滨冰雪大世界室外"绚墨舞台"

第三届哈尔滨冰雪大世界

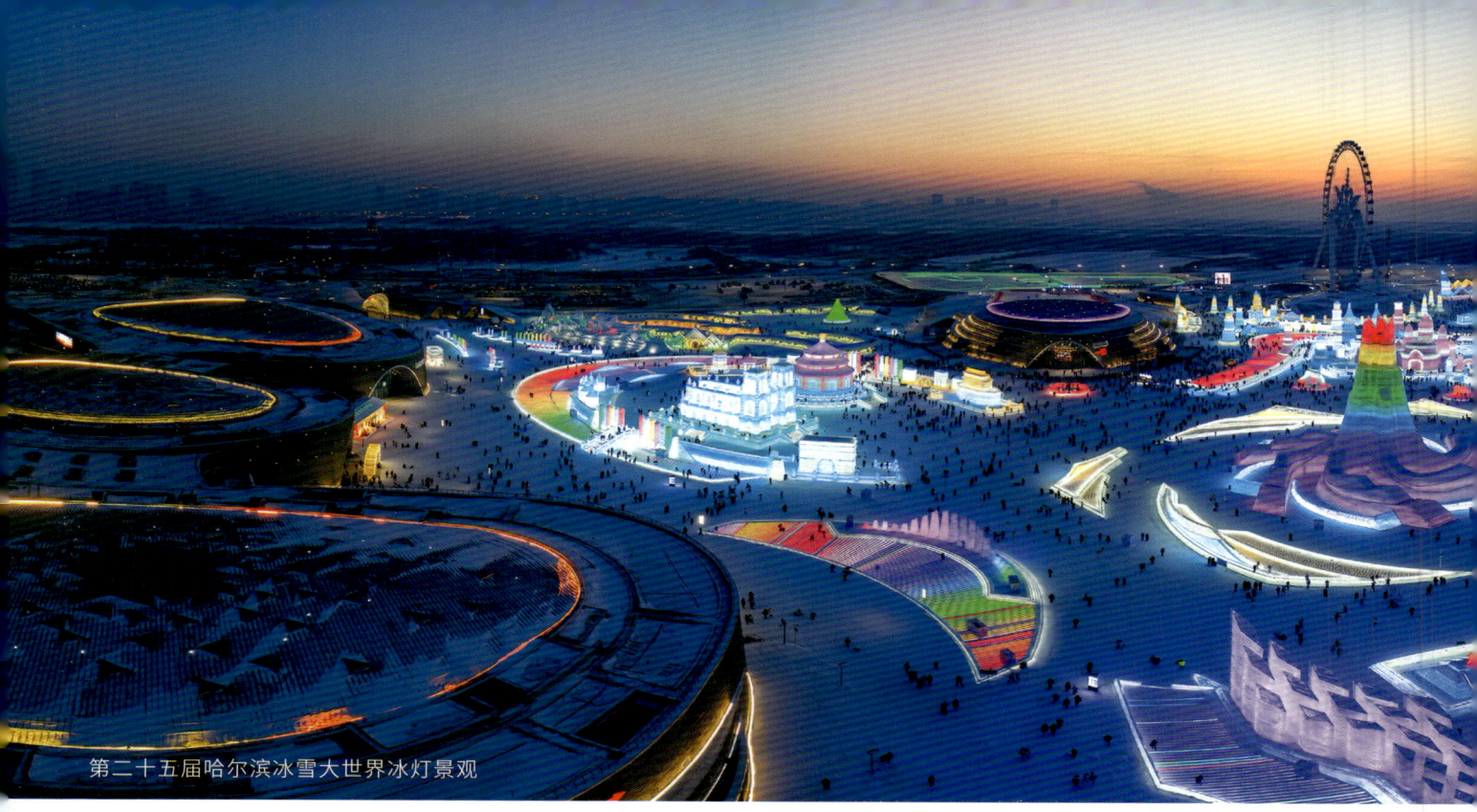

第二十五届哈尔滨冰雪大世界冰灯景观

第二十五届哈尔滨冰雪大世界"哈冰秀"舞台

第二十五届哈尔滨冰雪大世界冰灯景观

第二十五届哈尔滨冰雪大世界冰灯景观

雪花摩天轮

历届之最。

以"辉煌盛宴"为主题的"哈冰秀"演出,邀请了来自俄罗斯、美国、白俄罗斯等12个国家的50余位优秀表演艺术家参与其中,倾情演绎花样滑冰、马戏、杂技、舞蹈等,为游客献上全新冰雪视觉盛宴。

网红项目雪花摩天轮高120米,相当于42层楼的高度,共配置48个月冕型轿厢,每个轿厢都配备了空调系统,提供冬暖夏凉的舒适环境,旋转一周大约需要22分钟。全面升级后特设"亲子、爱情、KTV、商务"四大主题轿厢。游客乘坐雪花摩天轮缓缓升到高空,将整座冰雪大世界园区美景和松花江两岸风光尽收眼底,感受属于哈尔滨冬天的独特浪漫。

室外演出活动"绚墨舞台",每晚在第二十五届哈尔滨冰雪大世界的梦想大舞台上准时上演,网红主持人"左右哥"与游客欢乐互动,带领数万游客在冰天雪地里共同起舞,点燃激情、燃爆冬夜。

冰雪美食馆入驻了哈尔滨本地特色美食及外来美食30余个餐饮品牌,囊括了火锅、烤肉、日料、甜品等品类,全方位满足游客们的餐饮需求。

2023年12月18日11时,第二十五届哈尔滨冰雪大世界正式开园,2024年2月15日24时宣布闭园。总计运营61天,累计接待游客271万人次。"哈尔滨""中国·哈尔滨国际冰雪节""冰雪大世界"等词语,在网络上都具有了较高的全球搜索热度。

哈尔滨冰雪大世界是"冰城"哈尔滨打造的集天下冰雪艺术之精华,融冰雪娱乐活动之大成的景观,被称为当今世界规模最大、冰雪艺术景观最多、冰雪娱乐项目最全、夜晚景色最美、活动最精彩的冰雪旅游项目。在每年一届的冰雪大世界中,您都会观赏到世界上最高、最美、最雄伟、最具魅力的冰雪奇观。您都会体验到冰酒吧、冰旅馆、雪圈场、迷宫寻宝、攀冰岩、雪地高尔夫、雪地足球等丰富多彩的冰雪活动及30多项文化娱乐活动带来的无穷乐趣,使您流连忘返,使您融入变幻多姿、璀璨壮观的夜晚灯饰美景中,使您恍如步入人间仙境。

2024年1月5日,哈尔滨冰雪大世界被认定为世界最大冰雪主题乐园,获得吉尼斯世界纪录称号,并被评为2024年冰雪文化十佳案例。2024年3月获国家文化产业示范基地荣誉。

3 冰雪艺术的推广

1964年春末，时任哈尔滨市建设局副局长的刘作田赴京参加全国建设局长工作会议，会议期间展示了哈尔滨冰灯盛况的照片，得到与会领导及同志们的赞扬和关注。回哈后，他提出冰灯进京，搞一次汇报展览的想法。由于存在诸多问题进展缓慢，1966年，哈尔滨冰灯游园会停办，赴京展览一事被搁置下来。

1979年，中断12年的哈尔滨冰灯游园会重获新生，冰灯赴京展览的构想也再一次被提了出来。为实现这一计划，根据北京冬季的气温条件进行研讨、论证降温试验等方法。为有效地遮风、遮阳，决定采用扣大棚的方法做试验。1984年第十届冰灯游园会期间，张永滨组织冰灯游园会办公室职工在兆麟公园利用大连杂技团来哈演出的马戏大棚做试验，在大棚内部建设了几组冰灯作品。经过检测得出结论，由于大棚挡阳光，减风化，减缓了冰灯的融损速度，延长了展出时间，同时，白天也可以看到冰灯的灯光效果。经对比，露天冰灯景观展出到2月29日结束，而大棚内的冰灯景观直到3月8日才展出结束。

1985年，应北京延庆县政府邀请，在延庆县龙庆峡水库举办哈尔滨冰灯艺术展，利用龙庆峡水库巨坝之下，两山峡谷之间，拉起绳索搭盖大棚建造冰灯展出场地。冰灯艺术展大棚内，游客可全天观看冰灯的灯光效果，展出期可达到50天以上。本次龙庆峡哈尔滨冰灯艺术展大获成功，成为全国首次在哈市以外举办冰灯艺术展的典范。随后，1987年龙庆峡继续举办冰灯艺术展，效果与经验逐年增加。

经过经验的总结与积累，1988年应邀在加拿大埃德蒙顿市举办了中国哈尔滨冰灯艺术展，再一次取得了轰动效应。

虽然三次大棚冰灯展览均获得了成功，但举办地点都是在北方寒带城市。为能在亚热带、热带地区举办哈尔滨冰灯艺术展，哈尔滨冰灯游园会办公室开始组织力量研发保温性能好并且能够制冷的展厅进行冰灯展览，冰源采用冷冻厂的人造冰进行冰灯雕琢。后来在武汉首展成功。之后上海南市区政府要求与哈尔滨合作在上海搞冰灯艺术展览，经过双方努力，克服困难、创造条件，用原有库房经过保温处理再安装制冷设备，最后成功举办了"91上海—哈尔滨冰灯艺术节"。

经过了以上大棚及冷库制冷的冰灯艺术展历程后，哈尔滨冰灯游园会办公室积累总结出了大量的宝贵经验，为哈尔滨冰灯艺术走向世界奠定了基础，自此开始了真正的"北冰南移"，先后在国内40余个城市及地区举办哈尔滨冰灯艺术展。同时，走出国门，在美国、荷兰、越南、新加坡、韩国等国家也举办了中国哈尔滨冰灯艺术展。

哈尔滨冰灯作为传播友谊和文化交流的友好使者，足迹遍布祖国大江南北、长城内外，立足国内，面向国际，以冰为媒广交朋友，以冰为媒发展经济，进一步发展和扩大了冰灯艺术在海内外的影响，使更多国家和地区的人民领略哈尔滨冰雪艺术独特的魅力，通过国际间和城市间冰雪艺术的交流与合作，积极传播冰雪文化，为扩大哈尔滨的知名度和荣誉度做出积极贡献。冰雪艺术成为哈尔滨与世界对话和文化交流的宣传媒介和平台。

冰雪，是哈尔滨这座城市的文化基因。冰雪文化艺术展现了哈尔滨这座城市和哈尔滨人的灵性、智慧和热情。哈尔滨冰雪资源得天独厚、冰雪文化魅力独特、冰雪品牌

张永滨在埃德蒙顿冰展门前留影

埃德蒙顿冰展景观

声名远扬，是冰雪音乐文化名城、"奥运冠军之城"，连续五年荣登"中国冰雪旅游十佳城市"榜首，成功入选"世界游客最向往的中国城市榜单"前十名。

当前，哈尔滨深入贯彻落实习近平总书记"冰天雪地也是金山银山"重要指示精神，持续拓展冰雪旅游优势，不断提升冰雪运动水平，大力发展冰雪装备产业，做足做实冰雪文章，全力打造"冰雪文化之都"。哈尔滨人民诚挚欢迎海内外朋友到哈尔滨乐享有特色的冰雪，体验不一样的冬天。

上海新闻媒体当年相继对冰灯艺术展进行报道

第一章 冰雪之源

第二章 冰雪之意

冰雪雕塑是雕塑艺术的一种特殊表现形式，我们结合雕塑与冰雪艺术，研究分析冰雪雕塑的艺术特征。

1 冰雪雕塑的艺术特征

何为"雕塑"?据说,"雕塑"一词最初的意思是在珍贵的石头上刻出纹理或图形,后来,雕塑指一种动作方式。

"雕"指运用工具对某一实体材料进行挖空递减的手段和动作;"塑"则正相反,是用手和工具对具有黏结性的材料进行体积的不断积累和有意识的附加。

雕刻硬质材料用的是削减法,塑造软性材料主要是用堆加方法。

米开朗琪罗喜欢运用雕的方法,"除掉石材上那些多余的部分,使隐藏在其中的艺术生命解放出来",这或许可称为"减法雕塑"。

长久以来,人们习惯用雕与塑两个字的搭配组合来称谓,就像绘与画、舞与蹈一样。

雕塑的艺术形式

人类对大自然的改造是为了满足对生活环境不断提高的需求,正逐步向更理性、更高级、更大众化的目标前进。而作为环境中重要组成因素的"雕塑"也是经历了这样一个发展过程。

写实艺术——具象雕塑

具象,顾名思义就是具体的形象,它指艺术中可辨认的,和外在世界有直接关系的内容,它是外在世界的直接反映。

具象艺术手法是对现实物象的客观再现,理论上有"模仿说""反映论"等。

古希腊雕塑美神维纳斯特有的"人神同形同性",将崇高、典雅、和谐完美贯穿于造型中。

意象艺术——意象雕塑

意象雕塑可以说是人类最为原始、古老的雕塑表现形式。在东方，尤其中国，基本上是意象天下，如根据神佛产生的无数经典意象雕塑作品"其意仿形而在，其形以意而设，互渗"，似真非真。意象雕塑近似于现实的具体物象，其原因在于意象雕塑处处体现出雕塑家的主观处理。雕塑家对现实中的具体物象进行整体的分析，运用简化、归纳、省略等具体手法，使作品产生整体概括甚至朦胧的艺术效果。

三星堆青铜面具，夸张的造型、洗练的形态、明确的块面，是意象雕塑的典型代表。

构成艺术——抽象雕塑

抽象本义是提取、提炼。它不是客观世界的真实反映，而是一种主观化、情绪化的反映。

抽象作品是通过体积、通透、肌理、量感与空间等自身的语言表现魅力。从雕塑观赏者的角度看，现在远比过去更能接受和承认多样性的艺术创新，现代化风格的冰雪雕塑作品也不再是主流之外的点缀了，它已经进入了主流，与写实的雕塑相比较，抽象的现代冰雪雕塑需要"纯化表现语言"。

雕塑与冰雪雕塑的表现形式

雪雕塑同石质、木质、金属材料雕塑一样，也分圆雕、浮雕和透雕三种。

圆雕

独立地占有空间，圆雕具有强烈空间感，最大的特点就在于可以用多朝向、多层次、多角度的刻画，表现和强化主题内容。

如第十四届冰灯游园会在文坛集锦景区里雕的一个小女孩跪在欧式灯柱前面对着蜡烛和圣诞树沉思的冰雕，便是根据丹麦著名童话大师安徒生的《卖火柴的小女孩》设计的一组圆雕，从哪个角度都可欣赏。

浮雕

浮雕是介于圆雕与绘画二者之间的艺术特点与形式，因此两者的造型语言常混合运用，形成独特的表现方法。

相对于圆雕来说，浮雕大都附着于平面、斜面或弧面的底板上，其长宽尺寸一般不变，可是厚度却要压缩变形，形体的轮廓线近似绘画。圆雕可以从四面八方去观看，而浮雕主要从正面欣赏。

透雕

浮雕的一种，镂空浮雕的背景，就是透雕。浮雕去掉底板，从而产生一种变化多端的负空间，并使负空间（底）与正空间（图）的轮廓线有一种相互转换的效果，形成"图底效应"。

2 冰雪雕塑的创作原则

生活是艺术创作的源泉，艺术创作离开了生活便是无源之水、无本之木，必然失去生命力。

艺术源于生活，高于生活。创作中，只原汁原味地记录、反映生活，作品往往平凡、枯燥、乏味。所以，素材要加入离奇、夸张、矛盾等因素，让"平凡"变"不凡"，这样才能让观众感受"新奇"，从而开启观众视觉及心灵的艺术"盛宴"。

冰雪雕塑创作既要满足生活、艺术要素，还要满足科学的属性。冰雪雕塑作为一种可视可触三维立体物质，要具有稳定地矗立于地面或者附着于墙面的物理属性。需要通过核算物体重心高度、接触地面（墙面）面积、物体质量自然沉降等因素，来创造作品的"平衡感"。简单说，冰雪雕塑作品创作离不开"生活、艺术、科学"三点原则。

3 冰雪雕塑创作素材的选取

创作素材，是文学、艺术创作的原始材料，即未经提炼和加工的实际生活现象。我们生活的环境中所包含的一切现象，如：

自然环境——宇宙、天体、地质地貌、植物等；

人工环境——城市、乡村、街道、建筑等各类人造设施；

社会环境——国家、法规、宗教、信仰、民俗等人文要素。

"创作素材"更准确地说，应该是"提炼素材"。

冰雪艺术的创作素材、创作理念也同样来源于生活。只是具有材料的特殊性，与其他的三维形态在创作的素材上无异，同样是创作者对客观世界和生活的反映，同样承载着创作者的喜怒哀乐等个人情感诉求。

下面，我们将从"创作理念"到"创作过程"两阶段来解读，解析冰雪雕塑与素材关系的奥秘。

创作理念之主题性

创作主题是作品的灵魂。

艺术创作，指艺术家以一定的世界观为指导，运用一定的创作方法，通过对现实生活观察、体验、研究、分析、选择、加工、提炼生活素材，塑造艺术形象，创作艺术作品的创造性劳动。

艺术创作以社会生活为源泉，但并不是简单地复制生活现象，实质上是一种特殊的审美创造。

冰雪雕塑作品的主题是由各个相关要素凝聚在一起的核心所在。一旦表现了一个核心性的主题，观众就要尽其所能地努力弄清主题的意义。

作品的主题甚至比形式更重要。因为主题是用来阐述雕塑家对生活的认识，并期待引起观众的共鸣。正如一件东西难于制作并不一定说明它是一件艺术品，整个艺术的发展史并不是技术熟练程度的发展史，而是观念和要求的变化史。

冰雪雕塑作品的形式可以比作技术，它是对于观众视觉的满足；而雪雕作品的主题则可以比作"思考"，它是创作者对作品的思考，也是观众对作品的思考，同时又是创作者和观众通过作品对社会生活的思考。对于

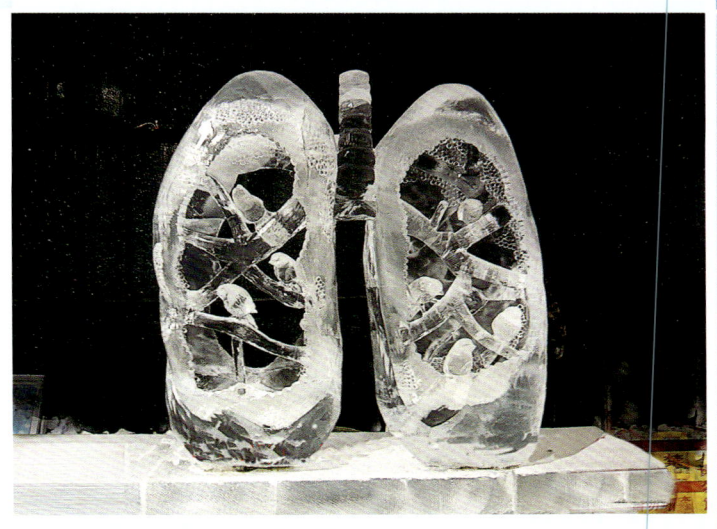

冰雪雕塑创作者来说，主题的选择不是简单随意或无足轻重的，它不仅要与视觉图式之间建立起相互依赖和紧密配合的关系，更重要的是，要将抽象的思想以一种具象的方式呈现出来。只有这样才能将一个真正的艺术家和一个技术高超的工匠区分开来。

该冰雕作品中，作者将人体的呼吸器官——肺，与大自然的树与鸟结合起来，让观众很自然地联想到环保，人类与大自然合为一体、相互依存的关系，创意新颖而主题明确。

该冰雕作品，采用艺术的装饰与拟人的手法，将鹰的"一家"形象地刻画表现出来，中心巧妙的爱心造型点明了"爱"的主题。

该雪雕作品，通过两个小朋友浇水种树，与后面的工厂冒出的浓烟形成鲜明对比，地球的环境污染危机已迫在眉睫，提醒人们马上行动起来保护我们的家园。

以上几件作品说明，对于艺术家的创作而言，该怎么思考比该怎么做的价值更大，该怎么做属于具体的技术层面，该怎么思考则属于方法的层面。

创作理念之新颖性

设计的题材上,要新颖别致,突破前人思路,别人都不厌其烦地刻画梅花鹿的美丽,你完全可以去表现鳄鱼的眼泪。

文学作品讲究"语不惊人死不休",冰雪艺术创作也是同理。

从欣赏的角度来看,求新、求变、求异均为人之天性,流于平庸、缺乏个性的作品,不能激发欣赏者的审美欲望,有时反而使其产生逆反、排斥心理。

追求突破,在作品的展览园区中,所有的作品颜色相同、体积大致相等,这便容易导致作品在视觉上给人一种相似感。一件成功的冰雪雕塑作品应该保持其主旨的差异性。只有当作品传递给观众的信息与观众的预测不同时,他们才会感到惊奇,才会去注意、去观看。

这就要求作者在创作一件冰雪雕塑作品时,要换个全新的角度深入观察生活、表现素材、提炼素材。把那些传统的、多见的表现形式全部抛开,用"独具慧眼"的艺术感觉创作作品,引领观众在一个全新的视角品味、感知,进而达到震惊。为观众在熟悉而乏味的生活中创造新鲜感、刺激感,作品才能具有旺盛的生命力。

该雪雕作品,作者通过透雕形式,将陶艺与人体美巧妙结合,配合优美的造型、女人飘逸的长发、底部的流线波浪,韵律动感油然而生。

同样的案例,上图冰雕作品,也是较新的思考视角,将电玩与冰雕艺术相结合,作品所表达的内容与形式都很新颖。

创作理念之民族性

民族的即是世界的。正如黑格尔所说"真正不朽的艺术作品当然是一切时代和一切民族所共赏的"。

冰雪雕塑作品应主要表现我国各民族人民群众的生活、思想、感情、愿望和艺术。

世界上有许多民族，而不同民族艺术的多元存在是艺术发展的必然规律，民族精神是艺术民族性的灵魂和核心。

北极民族的萨满形象

蒙古族的套马

西班牙斗牛

雪雕作品中，马头琴、雄鹰、成吉思汗等艺术形象都是作品立足于本民族文化艺术传统及审美意识，采用传统艺术形式创作的。

事实证明，为世界各国所共赏的中国艺术作品，绝不是亦步亦趋模仿其他民族的作品，而是带有鲜明中华民族特色的艺术作品，充满文化自信的作品。

上面的雪雕作品，表现了我国北方民族的"东北三大怪——养个孩子吊起来"的画面，民族味道、生活味道十足。

该雪雕作品则最大限度地运用了雪坯体积，表现了棉袄、虎头帽、糖葫芦等形态，作品简洁明快、酣畅质朴，画面的带入感十足。

上面的雪雕作品，以工业时代为形态，表现艺术作品的时代感，更是采用了构成及极简主义的现代艺术手法，简约洗练。

创作理念之时代性

我们在考虑创新的同时还应该以"时代性"为基础，一件好的冰雪雕塑作品不能脱离它所处的时代。

时代需要艺术，时代影响文化心理结构的转变，进而影响艺术的变化。艺术家受时代观念影响所形成的特定文化心理结构，决定了艺术作品的内容和形式。我们应该站在时代的角度看待艺术。

从原始社会到现代，艺术发展的每个阶段都有其鲜明的时代特征。

在艺术的发展过程中，每个时期都有代表其最高成就的艺术类型，这些艺术无一不是应时代的需要而产生的。艺术作为意识形态的性质决定了它必须在总的发展趋势上同当时的时代要求相一致。它或是走在时代前面，为先进意识鸣锣开道；或是拖在时代后面，为保守意识鸣冤叫屈。而且它在时代前后波动的曲线正好体现了它是时代精神的具体表现。

冰雪艺术也是一样，具有鲜明的时代性，是时代的符号、时代的特征、时代的技术、时代的材料反映等。要表现异于以往的新作品，也就是说，只要伴随着社会与文化的转型，时代综合因素不断变化。丹纳在《艺术哲学》中说："要了解一件艺术品，一个艺术家，一群艺术家，必须正确地设想他们所属的时代的精神和风俗概况。这是艺术品最后的解释，也是决定一切的基本原因。"艺术形态与艺术风格是随着时代变化而形成的，同时随着时代变化而变化。

该雪雕作品更是将自然物体孔雀的形态，运用艺术的手段分解、概括、组合成新的艺术形态，作品来源于生活而又充满了艺术创作的魅力。

该冰雕作品则表现了航天科技的人类最新成果，艺术紧随时代，艺术只有通过由时代发展变化形成的形式承载了时代赋予的内容时，才会具有生命力。

上面两个冰雕作品抓住2014年索契冬奥会主旨，表示时代感。

创作理念之情感表达

优秀的作品并不是直白的,而是具有能够调动观者情绪,使观者产生强烈共鸣的潜在吸引力和艺术魅力。

上图雪雕作品,通过头部从低到高的三个位置表现"沮丧、沉思、畅想"的内心状态,作为冰雪雕塑作品的设计者,如果能够将蕴含在雕塑内的思想和内涵淋漓尽致地表达出来,这件作品就有了生命力。

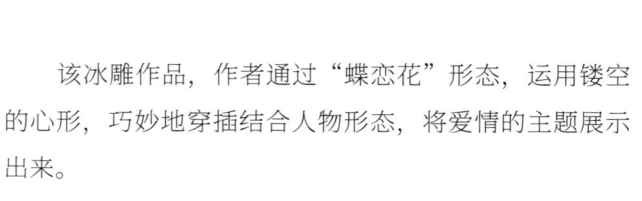

上图雪雕作品,作者用一双手的10个偶像造型,表现了十指连心,潜在表达了"分工合作一家亲"的生动含义。

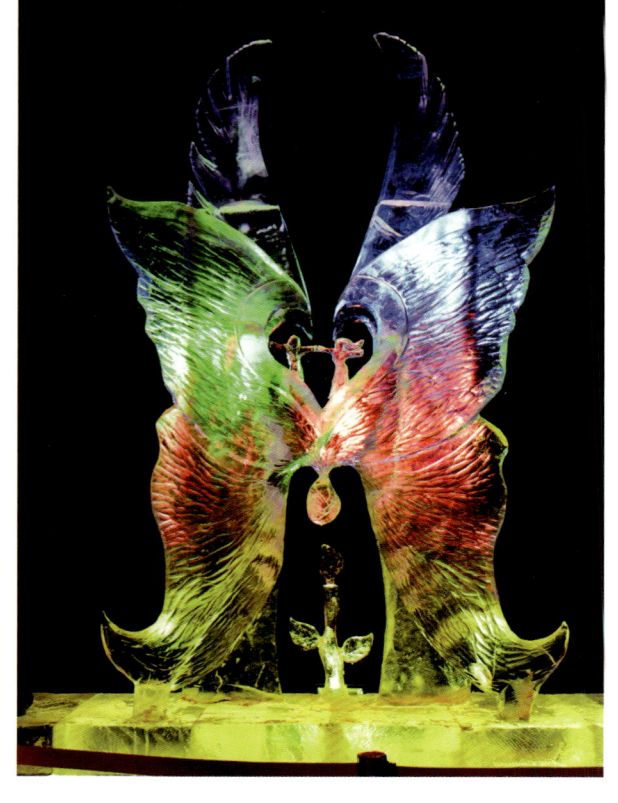

该冰雕作品,作者通过"蝶恋花"形态,运用镂空的心形,巧妙地穿插结合人物形态,将爱情的主题展示出来。

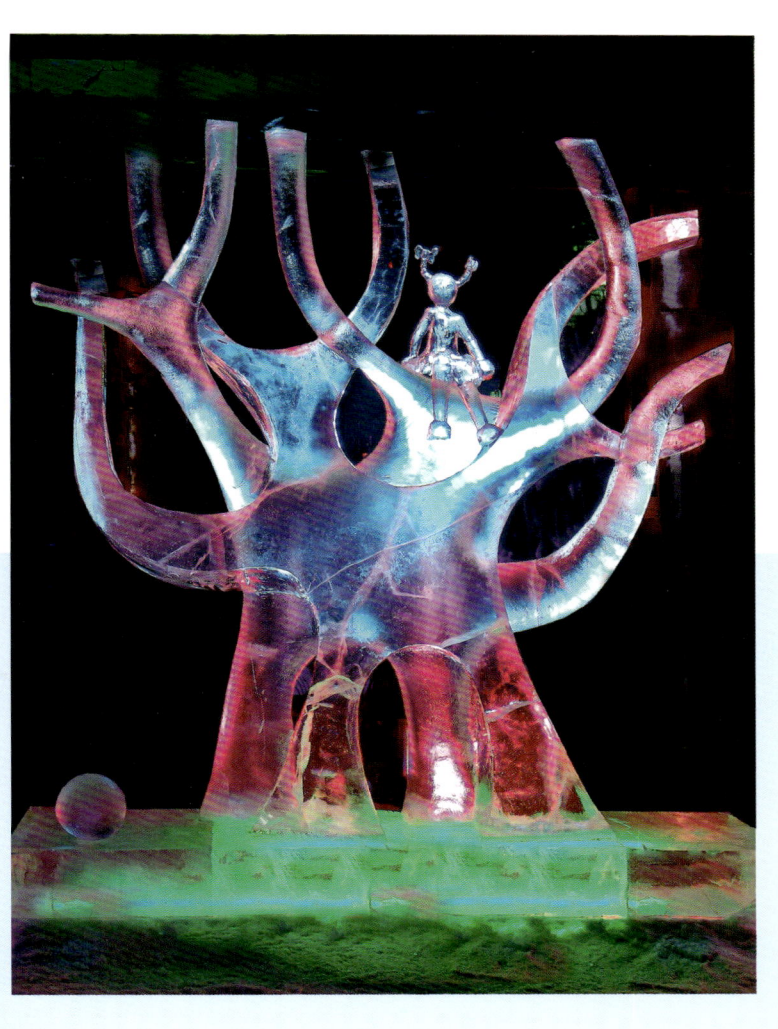

该冰雕作品，树的形态简练概括，具有现代设计美，尤其树上的小女孩形态俏皮、活泼、野性，唤起观众记忆深处童年的回忆。

"创作过程"是创作者在"创作理念"的指导下，设计思维的持续推进及对素材的选取、提炼不断演变的过程，一般经历如下阶段：

收集资料→分解、提炼代表特征→组合构成纯粹形态（艺术形态）。

收集与作品主题有关的资料，此步骤往往会被轻视甚至忽略，将收集资料视为浪费时间。其实不然，收集资料的过程也是创作的过程。资料收集不仅不能急于求成，反而要仔细认真、全面广泛、耐心地去学习与主题内容有关的知识、图片及文献资料，这些工作都有可能成为作品设计创作的灵感和源泉。

分解、提炼代表特征→组合构成纯粹形态（艺术形态）。

自然形态

二维艺术形态

三维艺术形态

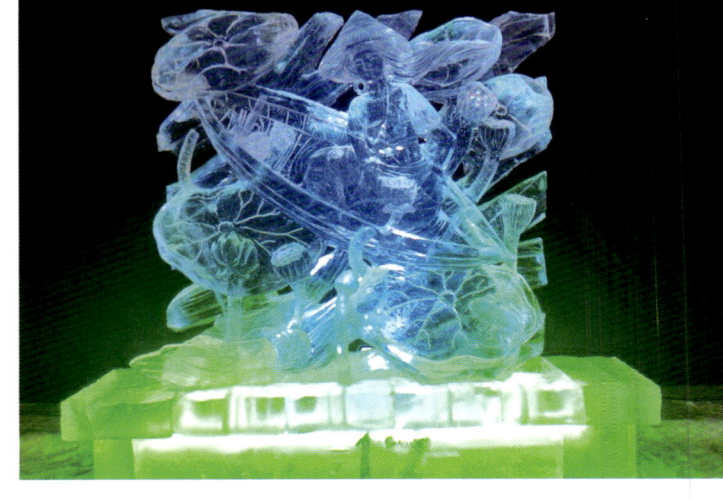

采莲少女、小舟、荷花、波浪。将以上形态进行组合。

综上所述,通过《采莲吟》这件优秀的冰雕作品,我们分析一下作品的主题选择及素材的收集与整理。

范例表现了中国西阳泽乡少女采摘收获劳动的场面,荷香四溢,微风吹拂着水面,通过对生活中场景的整合,作品集中展现了劳动中的"美"及人与大自然的情感。

4 冰雪雕塑的图形设计

冰雪艺术形态，不能简单地理解成"冰雪材质的雕塑"。雕塑与冰雪雕塑因材料、使用功能不同而有着显著的审美区别。

雕塑更具有"学术性"，更具"阳春白雪"的艺术高度，代表一种艺术形态的高端追求。冰雪雕塑更接近大众通俗的审美，具有易懂性、装饰性、"喜乐祥和"的民间艺术特点。

如前所述，纯粹的雕塑艺术为了创造美，反映艺术家对社会的理解，对待生活的观点，甚至是纯粹的个人情感宣泄。而冰雪雕塑具有很强的功能性、环境从属性，等同于语言、文字等媒介，必然有一定的信息量传达，是为了传播某种概念。

所以，这里所说的图形设计，是有别于语言、文字的，指通过刻、写、画、印等手段产生的图画记号，是传播信息的视觉形式。

在冰雪雕塑的"图形设计"理念上，我们主要讲述一下冰雪雕塑的"构图方式"与图形设计的"表达方法"。

冰雕的构图与设计表现

任何一个开始学习雕刻的人都要首先考虑他所使用介质的自然属性。木头、石头、泥土、雪或冰，每种介质都具有独特的自然属性。冰雪艺术兼有雕塑与建筑的艺术特色，又由其材料的特殊性决定了特有的设计方式。

它"堆砌"的结构要求牢固，重心尽量下移，如同金字塔一样的物理稳定感。寻求一个好的结构唯一可能的策略就是从简单的样式出发，并且最重要的一点就是这种结构必须遵照力学的逻辑，能够赋予作品物理的稳定性。

同时，冰雪雕塑作为一种"动态"艺术，就像是寒地空间中的"舞者"，需要展现形体运动活力，具有活跃场地空间环境气氛的使命。在建筑的"静"中，雕塑的"动"与之相辅相成。

所以，冰雪雕塑既要具有物理的"稳定性"，还要具有视觉的"动态美"。造型不能过于笨重，又要险中求胜，稳中求险是设计与构图的出发点。但稳定还是最重要的，否则作品随时都有坍塌、倾覆的危险。

构图要中心突出，主体要放在中心位置，或重点刻画。构图要疏密得当，一般来说要上松下紧、上轻下重、上薄下厚。

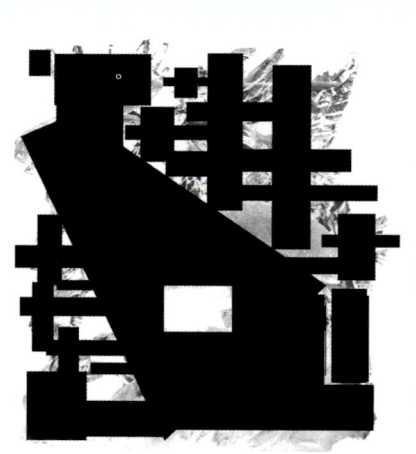

冰材质无色透明，质地硬脆，容易风蚀，光可折射，雕的形体缺乏立体感。

所以，冰雕轮廓线的清晰完整性尤其重要，远距离就可观察出所要表现物体的形象。尤其是主体形象，一定要外形清晰、显著、易于辨别。

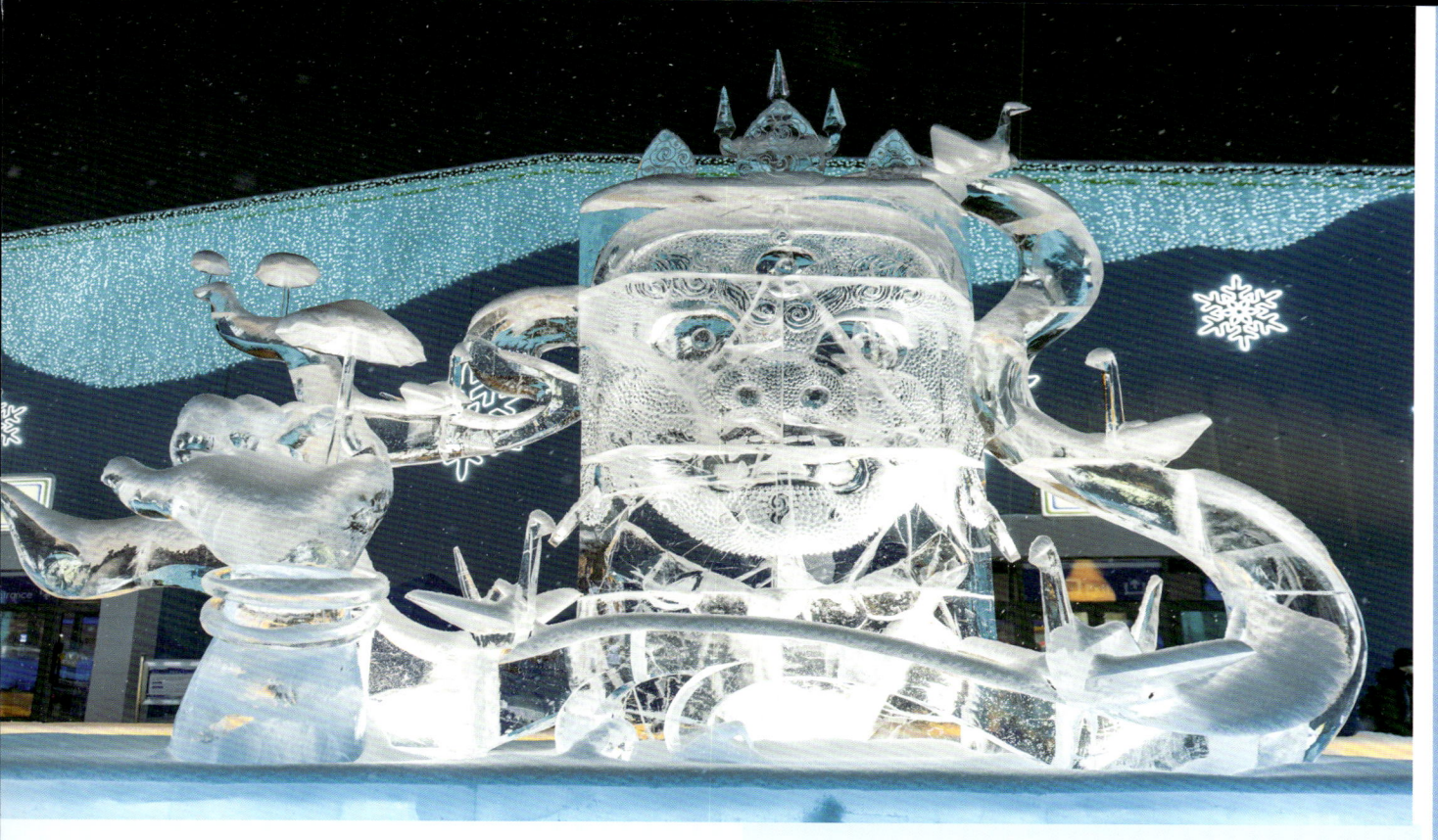

冰雕作品一般都由主景、附景构成，附景起到烘托、陪衬、丰富主景的作用。

受材料属性限制，冰雕一般来说以透雕、高浮雕形态的图形构图为主，作品表现正面形象为主，观赏角度≤180°。

雪雕的构图与设计表现

雪雕除具有与冰雕相同的构图特点外，还具有自己的特征。

雪雕除大型工程类作品外，中小体积的雪雕作品，一般都是360°全视角观赏要求。

工程类冰雪雕塑作品构图与设计表现

工程类的冰雪雕塑作品,是根据设计图纸来构建与作品相对应的冰坯、雪坯的形状与体积。此类作品体积较大,构图表现遵循的一般原则是:作品正面高低起伏,最高点偏中靠后;作品侧面体积层次多,前后空间错落有致。

正如苏轼的《题西林壁》中"横看成岭侧成峰,远近高低各不同"的美好景致。

冰雪雕塑作品中图形的"破"

在我们看到的冰雪雕塑中,主要分为工程类、竞赛类两类作品。

工程类往往构成一个冰雪艺术园区的主角,体积都较大,在搭建冰坯、雪坯时,为节省材料,已按图纸在空间中进行了选择性搭建,形态灵活。

而竞赛类的冰雪雕塑作品,多因事先统一了冰坯、雪坯的形状与体积,使作品的设计受到限制,因此,要应形设计,使造型与冰坯、雪坯相吻合,得到了初始结构以后,同时要突破冰坯、雪坯生硬的几何形体限制。通过局部的加、减体量来增加造型的变化性,并以更自由的、突破严格结构的处理方式来处理作品,以造型丰富、起伏微妙的整体感效果来减弱单纯的几何结构。这样,作品便呈现了生命的景象,在得到一种秩序感的同时又使它充溢着生命

性的体验,将几何形态转化为艺术形态。艺术创作的规律一直是伴随着创作者内心"有序、无序""稳定、失衡""理性、直觉"心态历程进行着的。

第二章 冰雪之意

047

冰雪雕塑作品中图形设计表达

在选择素材→提炼素材后，图形设计表达就正式开始了。

草图创作阶段

铅笔绘图是设计师普遍使用的技法，自由奔放、易于涂改。铅笔创作草图有时候不经意的一些线条就有可能启发设计灵感，可以随时记录。草图作为设计的基础稿，往往经过"量到质"数量达到一定程度，才能产生最终"定稿"效果图。

终稿效果图阶段

终稿效果图表现形式主要有两方面：手绘、计算机辅助设计。

手绘：素描表现、碳素笔＋马克笔表现；

素描表现——最早较传统的一种方法。通过明暗调子表现形体的转折。

优点：严谨，易修改；

缺点：表达速度慢，现在已很少有人使用。

碳素笔＋马克笔——线条华丽，形体明暗分明，有立体感。

优点：表达速度快；

缺点：出现笔误不易修改。

手绘是丰富而自由的，成为调节人的视觉感受与图面艺术效果关系的重要手段。

随着计算机辅助表现的普及，数字技术在冰雪雕塑创作中已得到广泛运用，三维效果图主要通过 SketchUp、3D Max、Photoshop 等配合实现。

SketchUp，又称建筑草图大师，是一个极受欢迎并且易于使用的 3D 设计软件，官方网站将它比喻作电子设计中的"铅笔"。它的主要卖点就是使用简便，人人都可以快速上手，是三维建筑设计方案创作的优秀工具。

3D Studio Max，常简称为 3D Max 或 3Ds Max，这是一款专门为建筑师、设计师以及可视化专业人士量身定制的 3D 应用软件。具有强大的建模和动画功能，以逼真、可操作性强而著称，在国内发展相对比较成熟的建筑效果图和建筑动画制作中，3Ds Max 的使用率更是占据了绝对的优势。熟悉和掌握它对于我们的设计表达有着非常重要的作用。

图像后期处理软件

　　Adobe Photoshop，简称"PS"，是一款功能十分强大的图像处理软件，能够满足我们设计工作中的各种需求，对人们的工作和生活已经产生了和正在产生着巨大的影响。

图形设计的三维小稿

冰雪雕塑是三维立体的，图形设计效果图仅能从二维表现，不尽完美。设计师们为了更好地推敲终稿的三维立体性，从形态整体进行研究及表现，通常使用专业塑形油泥，将二维设计塑造成实体三维立体稿。可以在后面的作品制作中起到参考作用。

在本书编撰过程中，AI 人工智能已经逐渐加入业界工作中来，令冰雪雕塑的图形创作工作效率成倍增长。相信，很快通过数字雕塑的手段可以实现电脑或 VR/AR 及雕刻软件的造型建模，从而获得虚拟世界中的造型形体，并且可以通过 3D 打印直接出立体稿。

3D 建模和打印

利用 3D 建模和打印技术，可以创建冰雪形态的详细模型。这项技术可以帮助设计师在进行全面建设之前测试和完善他们的想法。3D 打印小稿还可以用来创造传统方法难以实现的复杂形状和形式。

冰雪艺术形态的设计必将伴随着人类数字技术的腾飞，发生质的飞跃。

第二章　冰雪之意

第三章 冰雪之技

　　冰雪艺术家们宛如来自寒黯星球、身怀绝技的"魔法师"，顷刻间，可以化平凡之冰雪材料为精绝传奇。"魔法师"们以冰雪为绢，执精巧之具，挥就艺术华章。铁铲勾勒，如凤舞九天；刻刀细琢，似龙游四海。冰雪雕塑，是他们的智慧与热情在严寒中的绝美绽放，熠熠生辉。

1 冰雪雕塑的材料选取

一部人类进化史，就是伴随人类在认知和熟悉使用材料下展开的适应环境、改造环境的生存长卷。

生活在高纬度、高海拔寒冷地区的人类，通过对低温环境和冰雪的认知，已将冰雪作为一种特殊的"材料"，运用在生产、生活中，制作了生存所必需的物品。

而在长期的演变中，冰雪更以独特的物理属性被艺术家塑造成理想化的形态，以此表达情感和思想，从而逐渐成为造型艺苑中的一朵"奇葩"。完成了冰雪从满足人类生存制作物品到满足人类情感需求的造型艺术领域形态的演变。

材料概念和分类

冰雪材料主要造型艺术形态分两大类：冰雪建筑（构造物）、冰雪雕塑。

在解释冰雪材料的选取与制作前，首先要明确几个概念问题：

冰雪景观——以冰、雪为主要材料建造的具有冰雪艺术特色，供人们观赏或活动的冰雪建筑、冰雕、雪雕、冰灯等冰雪景观及冰雪游乐活动设施。

天然冰——自然界中的江水、河水、湖水等水体在自然环境下冻结成的冰体。

采冰——采用机具将天然冰按照一定规格分割并取得毛冰的过程。

人造冰——在人工制冷条件下冻结成的冰体。

毛冰——未加工成使用规格的冰块。

型冰——经加工成使用规格的冰块。

雪坯——具有一定规格和强度的，以雪为材料经夯实而成的几何形体。

冰雕——以冰为材料雕塑成的艺术作品。

雪雕——以雪为材料雕塑成的艺术作品。

冰砌体——将冰块按规格进行组砌，用水冻结，用于冰景观建筑的墙、柱等构件。

冰花——在装满清水的模具内按照设计要求放置植物、鱼虫、艺术品等景物，冻结成的实体透明冰景。

冰灯——在人工制冷条件下，向模具内注水，冻结成的中空冰体，经过艺术创意、雕琢，置入光源形成的具有艺术效果的冰景。

冰质材料的属性及选取过程

《诗经》中就有记载怎样获取冰块,并在上面覆盖能够隔热的干草,然后保存在深谷里——用来建造原始的冰屋。

1963年,第一届冰灯游园会在哈尔滨兆麟公园举行。当时用到的是冰花等人造冰。

第二年,建设者对取自松花江的天然冰进行冰的抗压、抗拉和抗剪强度极限值科学检测,结论是仅低于建筑材料"实心砖",各项物理属性已完全满足冰建和冰雕的条件。从此,冰建和冰雕开始大规模使用天然冰。

每年12月初,在冰封的江面上,游客便有机会看到由上百名专业取冰人组成的队伍,顶风冒雪喊着整齐划一的号子在采冰作业这一奇特的震撼人心的工作场面。

首先,他们会清理开冰面上覆盖的厚厚的积雪;然后,通过巨大的轮式锯切出等距的沟线,再用冰钏将一块块巨大的被称作"毛冰"的冰块从江体上分隔开;最后,用一根有长长木把的特制铁钩将冰块拉出水面,用铲车装运走。

合格的"毛冰"形状整齐、通体透明无杂色,冰内无杂物,内外无裂缝及裂纹、气泡少。

"毛冰"运到建设地点后，传统加工方法是由工匠们按照尺寸要求，用冰铲进行加工。现在经过技术更新，'毛冰'通过机器加工制成"型冰"，达到工业制品规格。尤其用在"组砌"上，既提高了生产效率，又保证了施工质量，完成了质的飞跃。

当天然冰冻结厚度大于200毫米，且当冰材料满足下列条件时，方可进行采冰作业：

天然冰采制的环境温度宜在−10℃以下；

优质的毛冰，透光性良好，无明显气泡、泥沙、杂物及明显裂缝和断层；

毛冰在自然条件下，应搁置12小时以上，方可使用；

为缩短大型冰景建设工期，可预先在前一年冬季储存天然冰材料，可以采取在地下、半地下集中掩埋方式，并采取保温隔热措施。

自然冰逐渐跟不上人类对冰的更高质量、洁净度和纯净度的要求，随着人工制冷技术的发展成熟，1910年左右，现代制冰业在美国产生。

人造冰特指由专业制冷企业在人工技术下的工业化规模制冰。

人造冰应符合下列规定：

环境温度应在−10℃以下；

当制作透明人造冰时，应采取使冰体透明的技术措施；

当制作彩色冰时，所用彩色染料应易溶于水、无污染、悬浮性好、透光性强，符合环保要求，且彩色冰的色相饱和度应符合设计要求；

人造冰的尺寸规格可采用600毫米×300毫米×200毫米。

雪质材料的属性及选取过程

雪与冰，作为同处低温环境下存在的物质，又因各自不同的属性而特征不同。

雪洁白无瑕，看似绵软，但在人工机械及盒板挤压下，密度增加，在自然光线下，结构起伏，清晰明确，质感如同大理石一般。

冰雪材质的发展与非冰材料的使用

冰雪雕艺术家必须了解所选用的材料，尽管看起来简单，但是它在雕刻者的手中却是千变万化的。尤其是冰，它的大小、组成和纹理各不相同，每块冰都是独一无二的。

以立体的形式表现自然和人类的生活，呈现某种晶姿玉质。冰雪雕塑原本就具有无可替代的自然美，经过雕塑和雕镂琢磨，将艺术美与自然美融为一体，可谓珠联璧合。

冰本身无色透明，光透射性强，所以本身色彩属性弱，色彩受内置彩灯与外投灯的渲染作用强，能够呈现出五颜六色的如钻石、翡翠般的光芒。但在白天无人工照明状态下，呈现的是冰本身无色透明状，所以，冰雕的最佳观赏状态是在彩灯映照的夜晚。为了弥补冰雕的这一缺陷，从20世纪50年代起，人们就开始试着给作品染色。他们试着将有颜色的水和染料注入冰雕中心的孔中，但染料在任何晃动下都会出现不易控制的效果，

结果导致了颜色分布不均匀。

到了20世纪80年代，人们才发现，只有冰水混合物与食用染色充分搅拌的前提下，按比例在水中掺入各种食用染色剂，冻冰后形成各种色冰，冰块的颜色才能更平均地分布。用色冰雕琢的作品更加鲜艳夺目，但也有一个问题，彩色冰块易碎、牢固性差。与透明冰配合使用，镶嵌、点缀、沟边能起到很好的装饰作用。

现在，又研发了"彩雪"技艺。在雕琢好的雪雕造型表面进行喷洒浸染，丰富了雪雕艺术的表现力。

夜晚采光照射下，雪雕呈现出瑰丽的、神秘的面貌。

随着科技的进步，在冰雪艺术形态中，很多新材料被加入进来。如亚克力、琉璃在冰质形态中的使用，丰富了冰雪形态的表现力。

可用厚苯板（白泡沫板）、涂白漆的金属管、木质材料，模仿和替代雪质建筑造型中易于风逝的顶部、十字架、走兽的犄角等。在哈尔滨的网红大雪娃娃身上，用红布包裹的头部、围脖在白雪的演绎下别具风采。

2 冰雪雕塑的制作工具及防护设备

冰雪雕塑艺术的发展与人类针对冰雪材料的施工工具研发、施工技术的发展息息相关。

施工者光有技术，没有合适的工具也是行不通的。同时，整个施工过程中，施工者还要面对寒冷气候、低温环境的挑战，就需要御寒保温的防护设备。施工者具备以上三点，才能为塑造出优秀的冰雪立体艺术形象奠定基础。

冰雪建筑制作工具和防护设备，可以理解为建筑工程技术＋冰雪雕塑的集合。我们这里重点讲解冰雪雕塑工具和生产保护设备。

冰雪雕塑工具发展历程回顾

冰晶莹透明、易碎，雪洁白而绵柔。早期，我们因为对于冰雪材质的特殊性、塑造性及雕塑成型方法的认知性理解浅显，冰雪雕塑制作沿袭了石雕、木雕的工具和基础技法，斧头、木工凿子、手锯成为最初的冰雪雕塑工具。导致冰雪雕塑作品做工简陋、技法单调，石雕化的效果与冰晶莹剔透的材料属性相悖，形态粗犷的作品多，薄透、细致的作品少，品种不全，很难产生有精细细节的作品。

20世纪80年代开始，为传播冰雪文化和友谊，哈尔滨的冰雪艺术家们将冰雪文化交流到世界各地，同时也学习到了日本、美国等先进国家的冰雪雕塑制作工具的使用技法，开始引进并开发使用。电锯、电钻、电磨的应用可以呈现冰

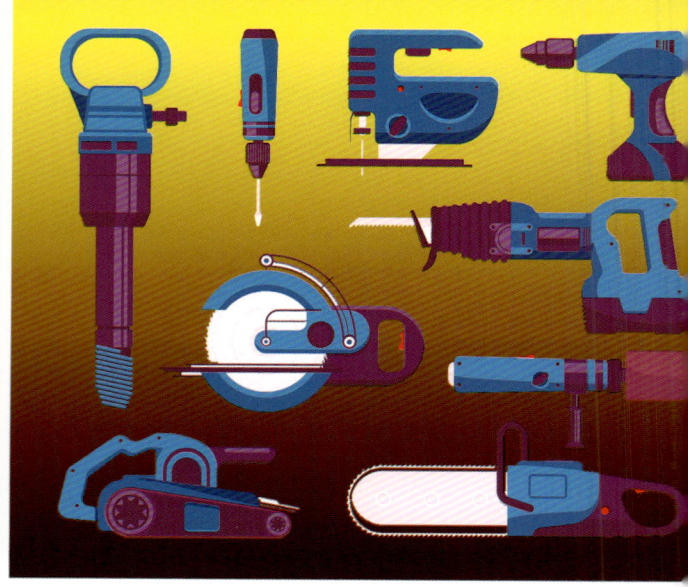

雪材料的多孔、通透、细致的花纹效果，工具的问题逐渐被解决了。

同时，冰雪施工者们经过多年探索，研发的冰雪雕塑工具的种类也逐渐丰富起来。

刀头的种类有：平铲、角刀、叉刀（独齿叉、多齿叉）；

刀把材料的种类有：铁质、铜质、合金、木质、胶木；

刀头刀把接口形式多样：一体式、槽道插接式、套口螺丝式、活扣式等，"一杆多头""多杆衔接"套装工具，可以快速更换刀头，冰雪雕塑刀把的长短、刀头的宽窄装配，都极大提高了工作效率，还缩小了工具包的体积。

雪雕工具刀把较长，如同施工者"延长的手臂"；刀头大可以处置较大体积的雪块。通过大型木质盒板定坯、整体砌筑雕刻的创作手法，在增强了雪雕抗风侵蚀能力的基础上，大大延长了雪雕作品展出时间，保持了哈尔滨雪雕的那种原始美、粗犷美的特色。内涵上更具艺术表现力，并且创造出多项冰雪雕"吉尼斯世界之最"纪录，为哈尔滨的冰雪艺术赢得了世界范围的美誉。作品体积宏大、做工精美，体现了大型雪雕艺术的独特魅力。

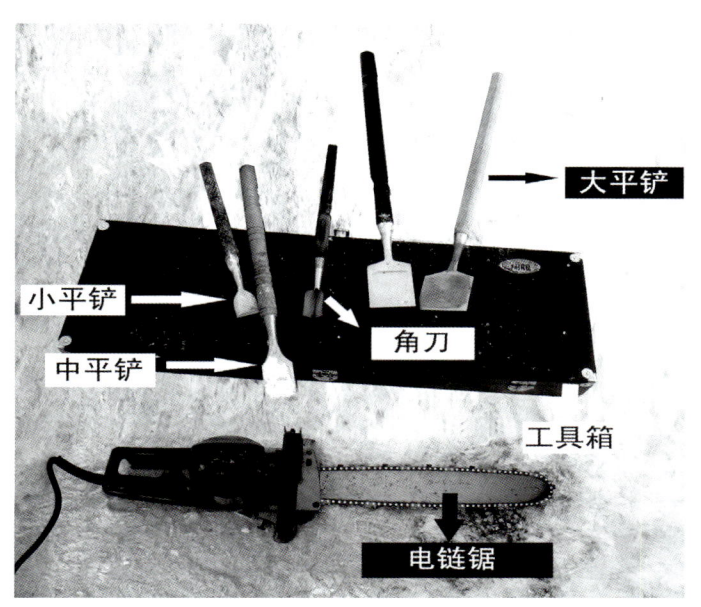

冰雪雕塑制作工具

"工欲善其事，必先利其器。"冰雪雕塑与其他材质的雕塑一样，讲究工具使用、表面处理、刀痕刻迹。冰雪雕塑通过对图形设计后，就开始进入制作准备的阶段了，在这一阶段的施工准备工作中，要提前准备好相应的雕刻工具。

刀具

雕刻刀的种类很多，但我们在选择的时候，不但要选择钢口的质量，而且最重要的是选择正确的刀型，避免使用过程中带来不便和浪费。合手的刀具不但手感好，

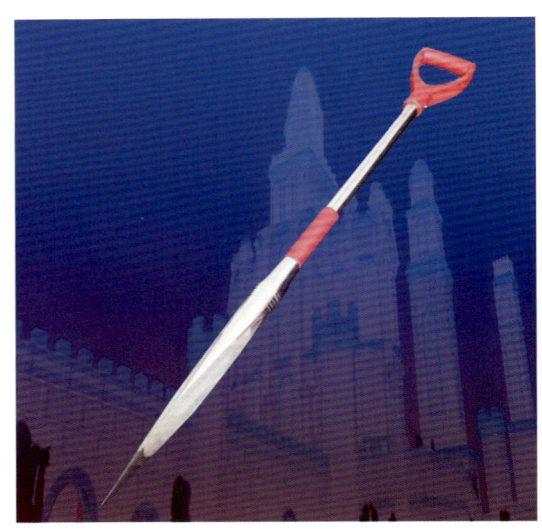

而且效率高,有道是"磨刀不误砍柴工",在使用过程中要注意勤磨刀,以保持刀具最佳的工作状态。

我们来熟悉一下冰雪雕塑的工具,通常使用的工具有:

大扁铲、扁铲、小平铲、角刀(槽刀)、长齿锯、电链锯、叉刀、手电钻、钏子、麻板、刷子等,还有各种规格的圆刀。

我们做冰雪雕塑的时候使用最多的是平铲,也叫扁铲。通常我们应当准备一把大号的扁铲和小号扁铲,大号扁铲用来量和修面,小号扁铲用来雕窄小的面;平铲的特点是铲平面,越大的刀铲面越平,做的造型越概括整体。所以,自始至终都得使用平刀去除大块的体量,能用大刀伸进去的缝隙尽量不使用小刀,这样可以保持整体和保障雕刻面的平整。最后用大刀修面,修平表面结束。

另外,刀的正反面使用效果是不同的,正面(有刃面)入量深,适于去大量;背面(平面)入量浅,适于调整找平。应在使用过程中逐渐熟练掌握刀的性能。

角刀是我们最后修光、刻凹线的工具,刀呈V形,刻诸如鱼鳞、羽毛的造型及各种凹纹图案,也可剔除死角余量等,是冰雕中最常用的工具。

钏子专用于冰雕卸下大块的余量。

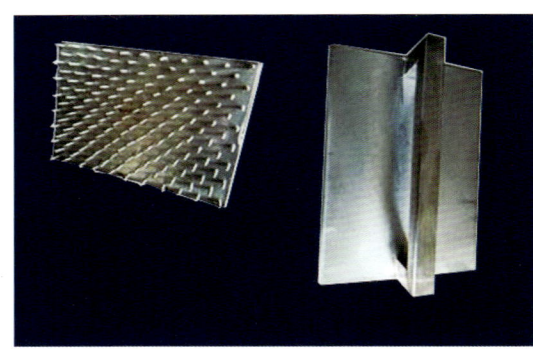

冰锉板是冰块间"沿缝"专用工具。在40厘米×60厘米左右的木板的一面上,间隔1厘米钉钢钉,呈阵列状,另一面安装左右两个把手。木锉板可以高效率地磨平接触的两块冰的表面,使冰块表面贴合且连接更紧固。还有为配合磨冰圆的圆锉。

冰钳是方便施工者徒手提升、拖移大型冰块的"利器"。

铁锉板是雪雕专用工具,磨平雪体表面,有"雪上砂纸"之称。

现在冰制作平面,电熨斗、电磨板(内置电阻丝通电加热)都已开始使用,可达到与木锉板同样的效果。

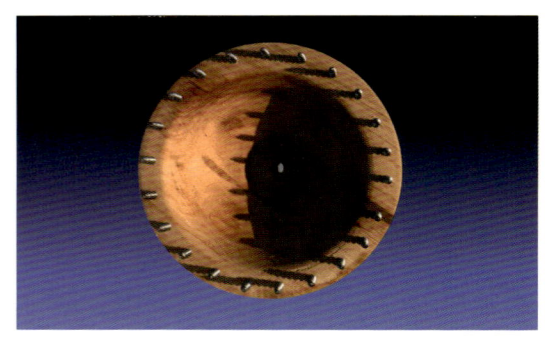  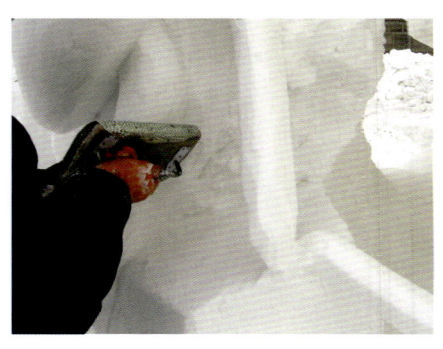

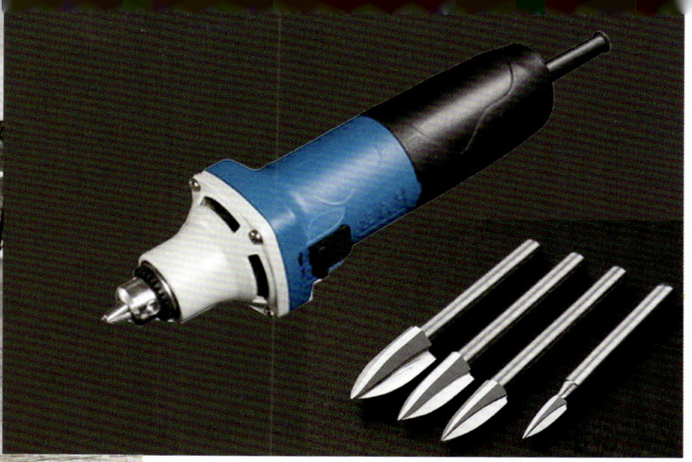

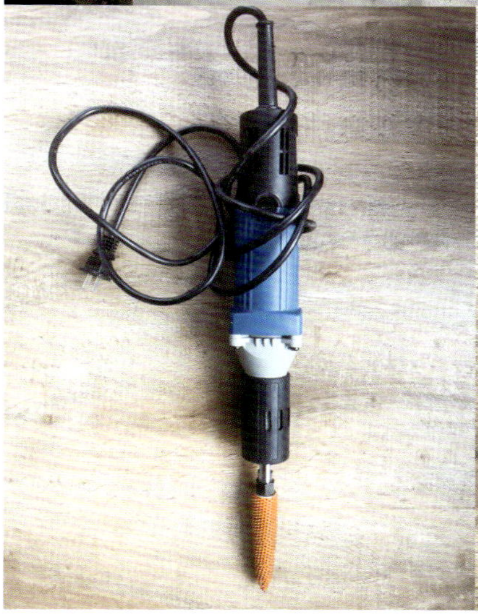

电动工具类

长齿锯、电链锯用来割开冰雪体块。长齿锯还可以用来制作表面肌理，叉刀用来制作沟状麻纹肌理，有些雕塑家用它制作风格作品。

各种规格直径、长短的钢质钻头、铣刀，配合手持电钻可制作纹路复杂的曲线凹槽、圆洞。

花模刀，业界俗称"狼牙棒"，与直柄电钻链接使用，可以做出复杂的双曲面及动态丰富的波浪状花纹造型。

现在，手持鼓风机已经开始替代传统刷子、扫地笤帚，吹净雕塑表面浮雪及碎冰等杂物。

 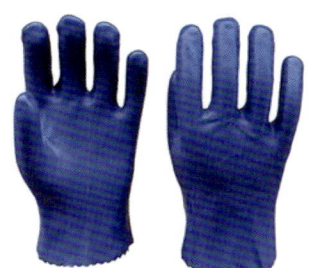 

冰雪雕塑制作的防护设备

防护分为个人防护和公众防护两方面。

个人防护就是作品施工者的安保、御寒设备。具体有：

御寒帽：保暖、透气、最好带有塑料或者钢板内衬，具有一定的安全防护作用。带花纹及醒目橙色的最优。

手套：专业级别的，一般使用内部绒毛、外部橡胶材质带有颗粒装置，保暖且摩擦力大的。最好多预备几副轮换使用。

护目镜：主要防止碎冰屑伤害。带颜色的墨镜可以预防"雪盲"症。

工作服：轻便、透气、保暖，表面材质不粘冰雪的冲锋衣面料工服。纯色鲜艳色首选。

护足：带钢趾套的冷库工作鞋，防止被落下的冰块砸伤。选购鞋号比正常鞋码大1~2个号码，如果穿我们平时的鞋，可以内衬厚毛袜或毡袜保温。

其他：围巾、护腰、护膝等，可根据需要自行选择佩戴。

公众防护就是作品施工时周围环境的安保设备。

特别注意：冰雪雕塑道具的使用安全。要在安全地点放置，尤其不能放在儿童能轻易拿到的地方。施工过程中最好有安全围栏将观众分隔在外，为施工作业保留足够的施展空间。

冰雪雕塑的加工方式及制作技法

石头、泥土、贝类、木头、动物骨骼牙齿等，人类围绕着这些材料用雕与塑书写着历史，雕塑是人类满足生存需求和寄托精神情感的重要方式。

在寒冷地区，人类利用冰雪材料制作了生存所必需的物品，甚至用冰雪材料雕刻理想化的偶像，来表达情感和思想。

而相对于地球上最早、最美丽壮观的冰雪造型——冰川，人类的冰雪造型活动可以说就是一种"新生事物"。若说大自然通过阳光辐射、风蚀、温度融化"无意间塑造"了冰雪形态，雕塑者则需要使用工具，依托智慧与技法，有目的地塑造出理想的冰雪形态。

冰雪艺术作品尽管看起来简单，但是，一种零下温度氛围的艺术形式对于雕刻者来说是一种具有挑战性的艺术媒介物，它需要特别的技法。

与大理石、泥塑不同的是，冰雪作品美丽、易碎、独特，与生俱来就有一种高雅的气质，虽然作品最后都会融化消失，如天际中一闪而过的流星，生命转瞬即逝，但其对艺术的表现却有着相当高的要求。冰雪艺术施工者必须了解他的材料特点，才能胜任这份看似平凡实则不凡的工作。

冰雪雕塑的加工方式

冰雪造型的加工方式主要有两种：堆砌法、雕刻法。

实际上，两种方案相辅相成，经常一起使用，成为冰雪施工者们最基础的制作方式。通常"堆砌法"是程序第一步，是为"雕刻法"的实施做准备。也有例外，在一整块冰上只使用"雕刻法"也可完成。

堆砌法：可以简单地理解为材料的"加法"。

"堆"，是雪质材料成型方法。如民间的堆雪人、滚雪球，利用雪的黏性特质，等同"塑"，指不断增加体积的方法。造雪机投用后，使用隔板将人工造雪围合成"容器"，挤压成坯，可以制造高度更高、距离更长、体积更大的雪坯。雪坯是制作雪质建筑、雪雕的"第一步"。

摄影 / 罗鹏

"砌",一般指冰质材料成型方法。毛冰经过加工成型冰,进行"组砌"制成冰砌体。我们看到的全部冰建筑都是这样制作的。雪经沉积后,用锯分割成矩形的"雪砖",再进行"组砌",可以制出内部中空的雪屋。

冰雪建筑基础的小知识点:

有一点建筑基础常识的人都知道,地基是建筑安全的基础。作为冰雪建筑,因材质密度小、重量轻、临时短暂存在期等特点,一般是不需要设置地基的,寒地的地表层就可以承担。

冰景观建筑基础施工

地基表面应清理平整,经浇水冻实后,方可进行上部砌体施工。

当地基表面坡度小于1%且高差小于100毫米时,可采用分层浇水冻实找平;地基表面坡度大于1%或相对高差大于100毫米时,宜采用冰砌块找平。

冰景观建筑承重墙、柱严禁坐落在碎冰、积雪和松散土层上。

哈尔滨冰雪大世界,这个世界最大的冰雪主题乐园,唯一需要做地基的,就是每年高度达到百米的主景"冰塔"。

随着科技的进步,对冰雪材料的认知提升,一种新颖的建筑冰结构"冰壳"进入大众视野。独特的工艺,塑造出连续曲线的中空结构造型。通过充气膜做出造型结构,外部利用高压气泵,喷涂采用原生纸浆纤维作为复合冰增强材料,低温定型,并设置若干个锚固点,实现了建筑结构轻质高强的设计目标。

雕刻法:可以简单地理解为材料的"减法"。

"雕",是施工者通过人力或使用工具,在材料体积上不断切削、递减的手段和动作,"刻"在材料表面制作凹凸、挖空。雕刻法是冰雪建筑,特别是冰雪雕塑的终端成型法。施工者按图形设计在冰坯、雪坯上雕琢,直至显露出终极形态。

米开朗琪罗喜欢运用雕的方法,"除掉石材上那些多余的部分,使隐藏在其中的艺术生命解放出来",这或许可称为"减法雕塑"。

冰雪雕塑的制作技法

冰雪雕艺术形式的特征，相同点是都以具象为主，意象、抽象形式为辅，装饰性是作品的表现基础与灵魂。

冰雪雕塑由其材料的特殊性决定了特有的制作和保存方法。

天然冰属六角品系，分片状、柱状、针状三种，弹性变形小，抗压强度好，可塑性强，能雕出各式各样的形象来。在强风侵蚀、太阳辐射下，易消退融化而"变形"。所以作品主雕刻面宜选择背光、侧光方位，宜避免正对迎风面，无法避免时宜采取遮挡措施。大型雪景观建筑，在迎风面可喷洒环保胶质防晒液。

冰雕注重工艺性，尤其注重线的表现。

冰的质地无色透明，造成体面转折的"隐形性"，雕出的形体层次易隐，因此，在创作中除了强调体面关系和形体基本特征外，还特别注重线条的表现，以营造出生动感。通过雕塑形体表面，线若隐若现地串联起来，雕塑的基本内容才可充分表现。而且，线也增加了形体的表现力。

冰雕应多用角刀刻划花纹、槽线、剖面等，雕痕纵横交错，并且实行两面雕刻，使线条互相交叉，这样能在光的作用下产生折射，尤显玲珑剔透，如水晶、钻石般异彩纷呈，焕发出别于其他材质雕塑的独特魅力，从而取得远视、近观俱佳的观赏效果。

这叫"以线构形",这一点很像中国画人物线描,如莫高窟中飞天的线描形象,线型舒展流畅,展现了"吴带当风,曹衣出水"的艺术魅力。而且,天然冰块厚度薄,只能采用浮雕式,压缩有限的前后层次空间,是很好的造型补充手法。冰雕的很多形态是以凹线阴影的形态来展现的,中国古代雕塑的形态几乎是以线的造型来展现的。

从原始陶塑、商周青铜鼎器、秦汉陵刻、唐宋寺庙雕塑直至元明清的建筑雕刻,无不体现了线这一造型语言的魅力与作用。线在绝大部分冰雕中的作用犹如人类自身的中枢神经,始终贯穿融汇于作品中,相对于点、面、体来说,线更为单纯自由,且能快捷地描述形象的内容。

冰雕作品应通透性强。因为冰雕一般多呈面状特点,厚度不大,只能通过分层、穿孔等方法拉大层次对比,同时,穿孔应按形体需要布置、大小、斜直、方位等进行考虑,更显出玲珑剔透的艺术形式美。

近年来,在凹线中嵌入雪沫呈现的白线,或是彩冰

线条勾线，都是为了弥补冰透明易隐形的特点。俗称填雪法，分为正面填雪法及反面填雪法。

正面填雪法：是指从冰块正面切入的方法。正面填雪法的设计者事先在冰块表面刻画出组成图案的小沟做雪道，深入冰块一半的位置。可以使用模具电磨来完成这项工作。切记雕刻时不能穿透冰块。扫清小沟内的废物、雪和冰片，然后将这个雪道填满干净、干燥的雪，这样就形成了白色的图案轮廓。然后，往雪上浇一层冰水，当水冷冻以后就会将雪密封起来。

最后，可以使用热水袋、喷灯或者加热铝板压在疵点上以消除痕迹。

反面填雪法：又称镜面填雪法，是指从冰块背面切入，然后从正面观赏的方法，用这种方法雕刻出来的图案看起来位置更深一些。

反向填雪法原理也一样。保持固定深度是非常重要的，因为图案要从冰的正面观看，如果深度不同，就会发生图案扭曲，看上去很明显。使用深度标尺可以保证反向填雪法的图案不会变形。

使用填雪法会提高雕刻者在造型、轮廓和字样方面的控制力。通过雕刻改变冰块的形状可以使它有一个与众不同的外形。但是在对原始冰块进行塑造时，与雕刻相比，填雪会使雕像产生更多特定的纹理，也会给雕像制造出明暗的对比。

所以，在工具的需求上，冰雕的工具要比雪雕工具细腻小巧得多，需要非常多的细致的电动工具。总之，冰雕的形式美反映为形态的线、面结合，以及空间的通透美。线的作用尤其重要。

雪块的结构松软，反光性强，一般体积较大，因此，要求雕塑者在创作时应注意强调构图的整体性和作品的牢固性，也就是说要舍弃支离破碎的细节。造型上要做大块大块的面状体积，注意体积的转折等，追求简洁概括、浑然一体的艺术效果。

更强调形体中面的作用，面的表现出色。与西方传

统雕塑的形体塑造语言相似，通过面的组合表现形体，通过前后形体表现空间，通过空间表现整体形态。在这总的形体里进行精雕细刻，同时突出装饰性，着眼于大的气势，对形象的基本特征加以夸张，将作品的纤细部位适当加粗，从直觉出发，兼容多种表现手法，使其更具有自由性，丰富雪雕的内涵。

雪雕更应展现雕塑般的量感美、体积美、空间美，与因厚度有限的压缩式的冰雕语言有很大的区别。相对而言，雪雕不善表现细腻的线和微小的面，而大的形体转折、长线条、清晰的体面和轮廓线才是雪雕最出效果的艺术特征。

如果说冰雕像一件玲珑剔透的明清木雕牙雕，需近看细观，才能品味到渗透着工艺品气息的清冽；雪雕则更像是雄浑厚重大气的汉唐雕塑，强烈的气场远观才能整体把握，更具雕塑气质。

冰雪雕塑的制作程序

制作程序，分为粗坯、细作和修光三大阶段。冰雪雕塑按体积大小，施工程序截然不同。

一般体积较大、高度需要安全搭设多层"脚手架"才能施工的工程类作品，需要按"从上往下"的程序完成。

要点：从坯体最顶端开始，粗坯、细作、修光"一气呵成"，然后逐渐下移，"自局部到局部"直至完成整体。

一般体积较小，尤其冰雕竞赛作品，需要按"从外往里"的程序完成。

要点：逐步切削，永远保留最高点，越雕越深，允做大形，再做细部，回过头来再调整整体。

绘稿阶段：主要用掺有酒精的墨水笔，在坯料上绘制图形稿轮廓。单冰冰雕比赛中尺寸基本都是统一的，2000毫米×2000毫米、2000毫米×1800毫米、1800毫米×1800毫米。有些施工者会事先把设计稿按冰坯尺寸打印成1:1的纸稿，冻结在冰坯上，用电锯割出基本轮廓后，去除纸样，完成起稿工作。

尺寸较大的作品，可打九宫格放样。

重点：考虑三维空间整体布置、整体与局部、局部与局部的关系，局部量增减的关系、步骤。经验丰富的施工者在绘制轮廓线时就能准确地判断出作品的主要三维位置，做到"成竹在胸"。

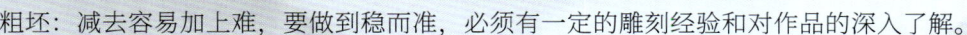

粗坯：减去容易加上难，要做到稳而准，必须有一定的雕刻经验和对作品的深入了解。

现代冰雪雕塑开始施工时，多是从使用电锯或油锯开始，把大块的无用料体卸下来，尤其大型雪雕要遵从从上至下的原则。从冰雕的顶端开始切割多余的冰片，从顶端逐步向底，在去掉大块部分的时候应该把它分成小部分再逐一去掉，这样就会减少破裂的可能性。下刀时，不要下得太狠，应留有余地。

大家常说的"外放内缩"就是指雕刻时留有余地，人物的头至脚的高度要放，两件并列物体的距离要收，逐渐将距离拉到准确位置。所以，一般性冰雕制作应是从大到小，由浅入深，从外到里，从整体到局部。

从大体到深入，从粗到细，再回到整体，落刀不悔，忌犹豫拘谨，也忌鲁莽冒失，持刀向冰应去留分明，自然肯定，疾徐有致，刚柔得体。所有的高点都在冰料表皮或内部才能开始雕刻，若有高点在冰料之外则不能进行雕刻。因此，不

能冰料小底稿大，找准了基准线就可以比较省力而又迅速地进行工作。先用锯子去掉不需要的块面，反复地多层次地削，搞好雏形。

　　由大到小、由粗到细、由浅入深，局部与细部留在大形体都比较准确时再做，要不时地退后看一看作品的整体远观效果。尽量做到在对形体理解的基础上，大胆准确细致。用多种刀具、多样手法表现作品的体积感、质感、量感，或刚或柔，或大或小，或粗或细，或明或暗，或高或低，或聚散，或深浅，或宽窄，或长短，或曲直，或轻重，或繁简，或松紧，或巧拙，或前后，或藏露，或方圆，或凹凸，或薄厚，或横竖，刻意追求以表现原先设计的意图，达到形神兼备。

　　这时"写意"的雕刻已经完成，各种刀痕交织在一起，是否要全部处理掉这些刀痕，要看内容和形式的需要。一些内容比较奔放的作品，要适当保留这些刀痕，增加刀痕雕味，使作品更有韵味，这些都要由题材风格、内容形式来决定。始终保持你的工作区的清洁并没有任何碎冰屑。工作中要不断地刷掉冰雕上多余的雪和碎冰片，否则碎冰和雪又会重新冻结在原处。

　　细作：在整体大形找准后，要进行局部的、细节雕刻与修改。根据已呈现的雪雕整体形态，对照设计图，对作品中的细节纹理、花纹、镂空等小结构进行细致雕刻和打磨。深入到细节上，但同时也要主次分明。要照顾整体、有虚有实、粗细得当、生动活泼、刀法谨然。

在这个环节中，要注意刀法的使用，过于迟钝可能会影响效果，犹豫迟钝的刀法，任你刮得再光滑，也无法产生一气呵成的美感。如冰雪雕塑过于做作，甜俗媚弱，直接会影响作品的美感。所以，修改时虽是细节，也要讲究刀法，或平推直前，或回转环旋，挺刮锐利，流畅蜿蜒，精雕细刻，洒脱酣畅。任何细节局部的完美，都不是最终目的，都不值得沾沾自喜，一定要服从整体效果，减弱那些过于跳动的细节，几个步骤也不宜分得太死，将主要的地方雕出来，缓慢一些，也许粗细有致更具情趣。

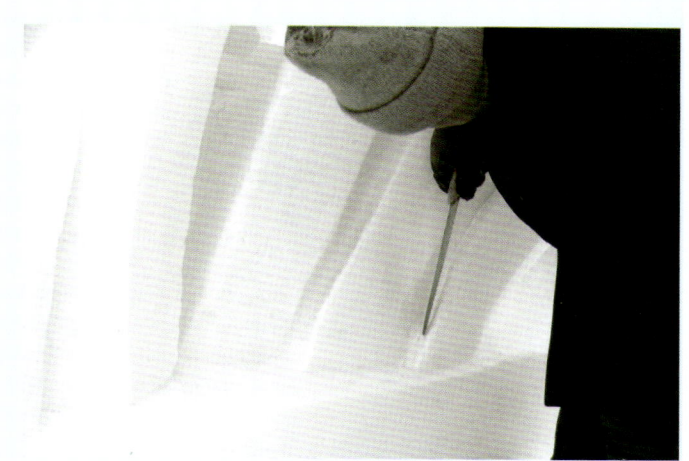

最后，整理好雕刻中不必要的刀痕。使表面光洁流畅，把浮雪清扫干净，达到平滑细腻的效果，基本雕刻完成。

要及时总结，远观近看，以一个新的视角来审视作品。与草稿进行对比，看哪些地方还有不足，还有差错，哪些地方线面体积的转折更富感染力，还要看作品的凹凸起伏变化产生的各种阴影。

冰雪雕塑的手法一方面强调作品的一气呵成，并无刻意去保留雕刻的痕迹所产生的肌理；另外一方面是冰雪雕塑家们为了达到某种效果，刻意地组合与创造面和体块的关系而营造出来的肌理。

好的作品经得起各个角度的远观近看，远观有大起伏大效果，近看有细部、不粗糙，不断地改进提高，是为了使作品更能表达创作意图，更富艺术感染力。

修光阶段：为使作品更加细腻、光洁、具有整体感，可用平铲和雪磨器修光、打磨冰雪雕塑表面，应顺着结构走向修光，使表面更加光洁流畅，用细黏性雪沫堵塞雪雕表面的凹洞和缝隙。最后用细毛刷将冰雪雕塑上的浮灰、浮雪、碎冰清净。

如本小节选取了一件特殊的超大型雪雕作品的几个制作过程，这样的作品要遵循"自上而下、自局部到局部"的特殊过程原则。这是一项堪称工程的艺术作品，但不用架跳，单凭人工制作完成，百人齐上，10天左右完工，是哈尔滨的能工巧匠们的成就，完全可以称得上是艺术创造的奇迹。

"哈尔滨冰灯艺术"是冰城人民几十年来创造的财富，研究冰雪材料特性、工艺技法、雕琢工具的继承和发展更新，才能使"哈尔滨冰灯艺术"制作水平走向新高度。

第四章 冰雪之

在冬季的银装素裹中，冰雪雕塑以其晶莹剔透的质地和别具一格的艺术形态，成为一道独特的风景线。欣赏冰雪雕塑，首先需关注其工艺与体量。冰雪雕塑的诞生源于艺术家们的巧妙构想和精湛的雕刻技艺，他们的每一刀、每一划都饱含着心血与智慧。

通过欣赏冰雪雕塑，我们不仅能够领略到冰雪艺术的独特魅力，更能够从中汲取到生活的智慧和力量。因此，让我们在寒冷的冬季中，用心去感受冰雪雕塑所散发出的艺术魅力，领略其独特之美。

无论是漫步在冰雪雕塑的展览现场，还是欣赏冰雪雕塑的图片，都能够让我们沉浸在这纯净与美好的艺术世界中，与冰雪雕塑共同谱写一曲冬日的赞歌。

1 品工艺之美

从工艺的角度审视，冰雪雕塑的创作无疑是一项艰巨的挑战。冰雪，这种看似脆弱却充满韧性的材料，需要我们细心研究，掌握其独特的结构和物理性质。在雕刻和塑造的过程中，感受冰雪的冷酷与韧性，同时体验将其转化为艺术品的喜悦与成就感。这需要精湛的技艺，更需要对冰雪特性的深刻理解和丰富的想象力。每一次的雕刻，都是对冰雪材料的深入理解和巧妙运用的过程，也是对自我艺术追求的不断挑战和超越。

赏冰雪建筑之美

欧式童话风

欧式童话风格的冰雪建筑，是冰雪建筑类型中常见的样式，是一种将欧洲古典建筑美学与冰雪艺术巧妙结合的艺术形式。它们不仅体现了欧洲建筑的精致与浪漫，更通过冰雪的材质，增添了一种纯净、梦幻的童话色彩。

这些建筑往往以城堡、教堂等欧洲传统建筑为原型，通过冰雪堆砌和雕刻而成。在设计上，它们注重细节和比例的把握，使得每一个部分都显得和谐而完美。同时，冰雪的材质赋予了这些建筑一种独特的质感和光泽，使得它们在阳光下熠熠生辉，犹如童话中的梦幻场景。

在色彩上，欧式童话风格的冰雪建筑以雪的纯白之色和冰的晶莹透明为主调，简洁而纯净。这种色彩不仅与冰雪的材质相得益彰，更营造出一种清新、脱俗的氛围。此外，冰雪建筑师们还会巧妙地运用灯光和色彩的变化，为这些建筑增添更多的层次感和立体感。

欣赏欧式童话风格的冰雪建筑，不仅是一次视觉的盛宴，更是一次心灵的洗礼。它们让我们仿佛置身于一个纯净、美好的童话世界，感受到了冰雪艺术的无穷魅力。同时，这些建筑也体现了人类对于美的追求和创造，让我们对艺术和文化有了更深刻的理解和认识。

在哈尔滨这个具有浓厚欧陆风情的城市，欧式童话风格的冰雪建筑更是成为城市文化的重要标志。它们不仅吸引了无数游客前来观赏和拍照，更成为城市的一张亮丽名片，展现了城市的独特魅力和文化底蕴。欧式童话风格冰雪建筑，像是只有在童话里才会出现的梦幻景象，如何欣赏这些欧式童话风格冰雪建筑呢？

首先，想象一下自己正走进一个美丽的童话世界，那里的一切都是那么新奇、那么有趣。当你站在这些冰雪建筑前，不妨先做个深呼吸，让自己完全沉浸在这个奇幻的氛围中。接下来，仔细看看这些建筑，它们的屋顶尖尖的，像是小木屋，又像是城堡。每件都像是穿上了一件洁白的羽绒服。在阳光下，这些屋顶闪着耀眼的光芒，美极了！白天，阳光洒在冰雪建筑上，使它们更加熠熠生辉、清新脱俗。而到了夜晚，当灯光亮起时，这些建筑又变得如梦如幻，仿佛被施加了魔法一般。我们仿佛置身于一个童话世界，感受着冰雪艺术的无穷魅力。

最后，别忘了运用你的想象力。欣赏冰雪童话建筑，就像是读一本童话书，需要你用想象力去填补那些空白，你可以想象自己正站在一个冰雪王国里，周围都是美丽的建筑和有趣的事物。这样，你就能更深入地欣赏这种欧式童话风的冰雪建筑了。

欣赏欧式童话风的冰雪建筑并不难，只要你有个好心情，仔细观察，发挥想象力，就一定能感受到它们的魅力。所以，下次看到这种建筑时，不妨试着去欣赏一下，

看看你能发现多少美好的细节。

经典建筑风

中外经典建筑风格冰雪建筑是指用冰雪材料复制或借鉴了中外经典建筑的冰雪艺术表现形式。它们将各种经典建筑元素与冰雪材料相结合,通过冰雪建筑师与艺术家的巧手,打造出形态各异、美轮美奂的冰雪建筑作品。它们是冰雪艺术与建筑艺术的完美结合,不仅具有冰雪的纯净与晶莹,还蕴含着传统建筑的特色与文化,再现了这些建筑的独特魅力。

在形式上,中外经典建筑风格冰雪建筑丰富多样。它们可以是微缩版的经典建筑,小巧玲珑,精致可爱;也可以是等大或放大的版本,气势磅礴,震撼人心。无论哪种形式,这些建筑都充分展示了冰雪艺术的独特魅力和建筑师们的精湛技艺。

冰雪节与冰雪旅游需求是中外经典建筑风格冰雪建筑发展的重要载体。在冰雪节期间,冰雪建筑设计师会尽可能将国内外经典建筑汇聚一堂,从中国古代的宫殿、庙宇,到欧洲的古堡、教堂,各种经典建筑都被巧妙地转化为冰雪作品,让人们仿佛穿越时空,感受到了不同文化的魅力。

欣赏中外经典建筑风格冰雪建筑,不仅是一场视觉的盛宴,更是一次文化的体验。在欣赏这些建筑时,我们先要关注它们的整体布局和外观设计,这些建筑往往融合了多种文化元素,形成了独特的艺术风格。通过仔细观察,我们可以发现其中蕴含的深厚文化内涵。每一种经典的建筑风格都有它自己的历史和文化背景,了解了它们背后的故事,你就能更好地理解它们,更能感受到它们的魅力。

欣赏冰雪建筑,不仅仅是看,更是感受。你得用心去体会它们给你带来的那种冰冷而美丽的感觉,这样,你才能真正地领略到这些经典建筑风格冰雪艺术的美。

同时,我们还要关注冰雪建筑与环境的融合。好的冰雪建筑不仅要有美丽的外观和精致的细节,还要与周围的环境相协调,形成一个和谐的整体,这样的建筑作品才能真正打动人心。

中外经典建筑风格冰雪建筑是一种独特的艺术形式,它们将传统建筑美学与冰雪艺术相结合,为我们带来了无尽的惊喜和感动。

传统文化风

中国传统文化风格的冰雪建筑是采用中国传统建筑的布局和比例，将冰雪塑造成亭台楼阁等传统文化风格。这些建筑还融入了传统建筑的装饰雕刻等手法。

中国传统文化风格的冰雪建筑常以寓言、神话、历史故事等为题材，通过冰雪的雕刻和塑造，将这些故事和文化内涵以形象化的方式呈现出来。这不仅使得冰雪建筑具有了深厚的文化内涵，也让人们在欣赏的过程中，能够感受到中国传统文化的博大精深。

欣赏中国传统文化风格的冰雪建筑，主要需要聚焦于其深厚的文化底蕴和独特的美学表达。冰雪建筑在色彩和材质上也体现了中国传统文化的特点。冰雪本身洁白无瑕，与中国传统文化中的纯净、高雅相呼应。而建筑师们则巧妙地运用冰雪的质感，通过光影的变化，营造出一种如梦如幻的视觉效果。

此外，冰雪建筑还常常与红灯笼、中国结等传统文化元素相结合，使得整个建筑在色彩上更加丰富多彩，充满了节日的喜庆氛围。

冰雪建筑也是中国传统文化中人与自然和谐相处的理念的体现。在寒冷的冬季，人们利用冰雪这一自然元素创造出美丽的建筑和景观，既展现了人类的智慧和创造力，也体现了对大自然的敬畏和尊重。这种人与自然和谐相处的理念，正是中国传统文化中一直强调的重要思想。

欣赏中国传统文化风格的冰雪建筑，不仅是对建筑本身的艺术价值的认可，更是对中国传统文化的一种深入理解和体验。这些建筑以其独特的形态、结构和文化内涵，向我们展示了中国传统文化的独特魅力和深远影响。

赏冰雕之美

我们所说的冰雕大多是指利用天然冰作为材料进行雕刻的艺术形式，是造型艺术的一种。冰雕与其他材质的雕塑一样，分圆雕、浮雕和透雕三种，也讲究工具使用、表面处理、刀痕刻迹，但由于它的材质无色、透明，具有折射光线的特点，冰雪雕塑家利用阳光、灯光等辅助方式进行创作。冰雕作为一种独特的艺术形式，其历史悠久，具有独特的制作流程。

冰雕给人以惊艳之感，特别是在寒冷的地方，广受欢迎。以重大节日为主题雕刻的各种冰雕，更为节日增添了一道亮丽的风景线。

赏冰雕之透

冰雕，美轮美奂，尤其是那晶莹剔透的通透感，简直让人陶醉。这些冰雕都是由纯天然的冰块雕刻而成的，大自然的神奇馈赠让人惊叹不已。那么，如何更好地欣赏冰雕的通透感呢？你需要站在适当的距离观察冰雕。太远可能看不清细节，太近则可能失去整体的通透感。找一个既能看清整体又能看到细节的位置。

注意观察作品中光线在冰雕中的折射。阳光或灯光穿过冰块时，会形成美丽的光线和光影效果。这些折射的光线让整个冰雕看起来更加立体和生动，仿佛冰块内部有一个神秘的世界等待你去探索。

别忘了仔细观察冰雕的细节。通透的雕刻在细节处理上往往也非常出色，无论是人物的表情、动物的姿态，还是景物的轮廓，都被雕刻得栩栩如生，让人不禁为之赞叹。这些细节的处理不仅展现了艺术家们的精湛技艺，也让整个冰雕作品更加生动有趣。

总的来说，欣赏冰雕的通透感需要一定的耐心。站在适当的距离，观察光线的折射，仔细欣赏细节，你会发现自己仿佛置身于冰雪仙境。这些冰雕作品不仅是大自然的神奇馈赠，更是艺术家们匠心独运的结晶。它们让寒冷的冬天变得温暖而美好，让人陶醉其中，流连忘返。

赏冰雕之精

设计巧思

欣赏冰雕设计中的巧思，实则是一次对艺术家心灵手巧与无限创意的深入探索。冰雕，这一古老而又充满现代感的艺术形式，以其独特的材质特性，为艺术家们提供了无尽的创作可能。冰雕艺术家们深谙冰的透明、透光、通透的特性，并将其巧妙地运用在设计中。他们如同魔法师一般，通过精细的雕刻和巧妙的光线布局，让冰雕作品在光线的照射下焕发出璀璨夺目的光彩。这种光影的交织与变幻，使得冰雕作品仿佛具有了生命，充满了灵动与活力。

冰雕艺术家们还善于利用冰在低温下坚硬、易碎的特性，进行巧妙的构图和雕刻。冰的坚硬使得它能够承受精细的雕刻，而冰的易碎又使得它能够在艺术家的巧手下呈现出独特的破碎感。这种破碎感并不是简单的破坏，而是艺术家们通过精心设计和雕刻，让冰雕在保持整体结构的同时，展现出一种微妙的破碎美感。这种美感既体现了冰雕的精致工艺，又彰显了艺术家们的独特审美。

冰雕艺术家们还充分发挥了冰的可粘贴性，将多个冰雕元素巧妙地组合在一起，形成一幅幅完整的作品。他们通过精确的测量和计算，将不同形状、不同大小的冰雕元素拼接在一起，形成一种和谐统一的整体效果。这种巧妙的组合方式不仅展示了艺术家们的高超技艺，更体现了他们对艺术的深刻理解和追求。

在欣赏冰雕的过程中，我们还需要关注艺术家们对细节的把控和对整体结构的把握。他们通过精湛的雕刻技巧，将每一个细节都处理得恰到好处，使得整个作品既具有层次感又充满了动感。同时，他们还能够根据冰雕的特性和形状，巧妙地安排整体结构，使得作品在视觉上更加协调和美观。

欣赏冰雕设计中的巧思是一次对艺术家技艺和创意的深刻体验。我们需要从多个方面去观察和感受冰雕作品所蕴含的美感和艺术价值。

制作精细

欣赏冰雕制作中的精巧，是一次对匠人智慧与现代技术交融的赞叹。冰雕艺术不仅仅是对冰块进行简单的雕琢，更是艺术家们通过双手和工具，将一块块普通的冰块打造成一个个生动而富有内涵的艺术品。

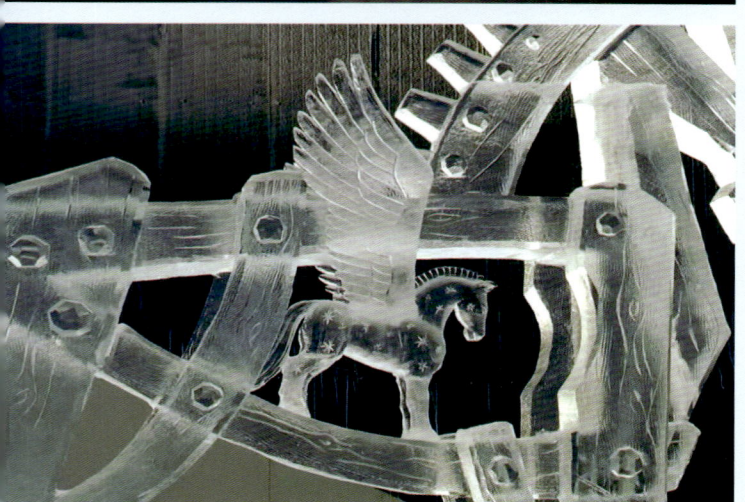

冬季天气寒冷，天然冰的坚硬为冰雕制作提供了坚实的基础。这种坚硬的材质，使得艺术家们能够对其进行精细的雕刻，展现出令人叹为观止的细节。从冰雕的线条到轮廓，从表面的纹理到内部的层次，都经过匠人的精心打磨，达到了近乎完美的程度。这种精细的雕刻，不仅体现了艺术家们的技艺高超，更展现了他们对艺术的执着追求。

冰雕制作中的精巧，不仅体现在现代工具的进步，更在于传统手动工具的专项功能不断得到细化。在冰雕制作的世界里，每一种雕刻效果都有其专用的工具。传统的冰铲、冰锉，经过匠人的精心打磨和改进，逐渐演变出更加细分化的形态，如专为雕刻细节而设计的精细冰铲，或是用于打磨冰面光滑度的特制冰锉。这些专项工具，使得艺术家在雕刻过程中更加得心应手，无论是细腻的花纹还是复杂的立体造型，都能通过专用工具得到完美的呈现。这种对工具功能的细化，不仅提升了冰雕的制作效率，更使得冰雕作品在技艺和审美上达到了新的高度。

传统手动冰雕工具虽然经典，但现代电动工具的引进，无疑为冰雕制作注入了新的活力。电动工具以其高效、精准的特点，使得雕刻过程更加快速、流畅。艺术家们可以更加自如地掌控雕刻的力度和角度，实现更加细致的雕刻效果。同时，现代工具的不断创新，也为艺术家们提供了更多的创作灵感，使得冰雕作品在形式上更加多样化和丰富化。

艺术家们可以探索原来认为不可能实现的雕刻手法和效果，通过现代工具的辅助，将冰块雕琢成更为复杂、更为精细的形状和图案。这种不断的探索和创新，使得冰雕艺术在技术和艺术层面都取得了显著的进步。

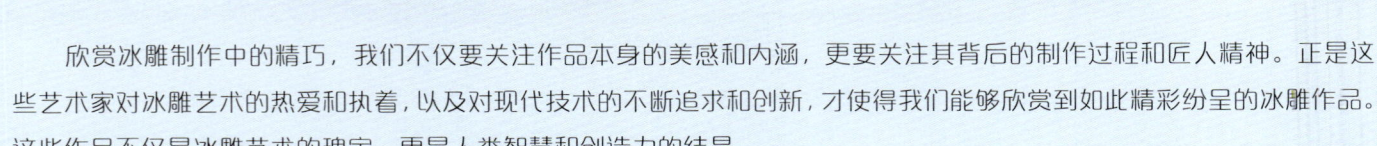

欣赏冰雕制作中的精巧，我们不仅要关注作品本身的美感和内涵，更要关注其背后的制作过程和匠人精神。正是这些艺术家对冰雕艺术的热爱和执着，以及对现代技术的不断追求和创新，才使得我们能够欣赏到如此精彩纷呈的冰雕作品。这些作品不仅是冰雕艺术的瑰宝，更是人类智慧和创造力的结晶。

赏冰雕之光

冰雕的光，无疑是冰雕艺术中不可或缺的一部分，它以其独特的方式，为冰雕作品赋予了更为丰富的内涵和生命力。当灯光与冰块相遇，它们之间产生了一种奇妙的化学反应。冰块本身晶莹剔透，而灯光的照射则为其增添了无限的光彩。在灯光的映衬下，冰块仿佛被点亮了灵魂，散发出迷人的光芒。这种光芒并不是单一的白色，而是呈现出五彩斑斓的色彩。

欣赏冰雕的光，无疑是一场视觉与心灵的盛宴。冰与灯的结合，创造出了一种独具特色的光影艺术。在灯光的照射下，冰块仿佛被赋予了生命，闪烁着晶莹剔透的光芒。这光芒时而柔和，时而璀璨，将冰雕的每一个细节都映照得清晰可见。这种冰与灯的结合，不仅展现了冰雕的独特魅力，更让人们感受到了艺术与科技的完美结合。在光的映衬下，冰雕仿佛变成了一个个梦幻王国，让人流连忘返，陶醉其中。

因此，冰雕的光不仅是冰雕作品的重要组成部分，更是提升冰雕艺术价值的关键因素。它以其独特的方式，为冰雕艺术增添了无限的光彩和魅力，让人们更加深入地欣赏和感受到冰雕艺术的独特之处。

冰灯冰雕的灯，无疑为这冬日里的冰雪艺术注入了灵魂。

外置灯则以其多变的光影效果，为冰雕增添了更多的层次和色彩。不同颜色的灯光照射在冰雕上，使得冰雕呈现出五彩斑斓的视觉效果。有时，外置灯会模拟出日出日落的自然光线变化，使得冰雕在光影的流转中仿佛经历了时间的洗礼。有时，外置灯又会营造出繁星点点的夜空效果，使得整个冰雪世界仿佛置身于银河之中。

当内置灯与外置灯同时亮起时，它们的光影相互交

摄影 / 董春阳

织、相互辉映，共同演绎出一幅幅动人的画面。有时，它们会共同打造出一个温馨浪漫的冰雪世界，让游客仿佛置身于童话之中。有时，它们又会共同营造出一个庄重肃穆的冰雪殿堂，让人感受到冰雪艺术的庄重与神圣。

总的来说，内置灯和外置灯的运用为冰灯冰雕增添了无尽的光影魅力。它们不仅使得冰雕在夜晚焕发出璀璨的光彩，更使得整个冰雪世界变得生动而富有情趣。无论是从远处眺望还是近处观赏，这些灯光的运用都能让游客感受到冰雪艺术的无穷魅力，沉浸在这奇幻的冰雪世界之中。

赏雪雕之美

欣赏雪雕之美，要从整体造型上领略其独特的艺术魅力。雪雕作品以其别具一格的形态，无论是巍峨耸立的城堡、栩栩如生的人物，还是憨态可掬的动物形象，都让人为之倾倒。这些雪雕作品仿佛是大自然与人类智慧的结晶，将冰冷的雪花雕琢成生动的艺术形象，让人在欣赏中感受到雪的纯净与雕塑的精致。

雪雕的独特美感在于其材料的特殊性。雪，细腻、洁白，经过艺术家的巧手雕琢，呈现出一种清新脱俗的美感。与其他雕塑材料相比，雪更加轻盈、灵动，有一种飘逸的感觉。在光线的照射下，雪雕作品熠熠生辉，闪烁着晶莹的光芒，更增添了一份神秘与梦幻的色彩。

赏雪雕线条

雪雕的线条之美，既体现在边缘线的流畅与轮廓线的清晰，也展现在富有张力的曲线与硬朗直线的交织中。这些线条不仅构成了雪雕的基本形态，更赋予了作品独特的艺术风格与魅力。

边缘线是雪雕作品最为直观的表现，它们勾勒出雪雕的整体轮廓，使其形象跃然眼前。流畅的边缘线使得雪雕作品更加生动，仿佛赋予了雪雕生命与活力。而富有张力的曲线，则使雪雕作品充满了动感与韵律，仿佛在诉说着一段段冰雪奇缘。

与此同时，硬朗的直线在雪雕作品中同样扮演着重要的角色。它们与曲线相互呼应，共同构成了雪雕作品的骨架与脉络。直线的刚劲与曲线的柔美相互融合，形成了一种独特的艺术美感。

更为复杂的是，当这些线条交织在一起时，便形成了一幅幅精美的艺术画面。

当我们转换角度，从侧面或背面观察雪雕时，会发现线条的呈现发生了微妙的变化。原本在正面看似简单的线条，在侧面或背面可能变得复杂而富有层次感。这些线条的交织与穿插，形成了雪雕独特的空间感和立体感，使得整个作品充满层次与变化。

我们还可以尝试从高处或低处观察雪雕。站在高处俯瞰，雪雕的全貌一览无余，线条的流畅与整体造型的协调感尽收眼底。而从低处仰望，雪雕则显得高大而雄伟，线条的张力与力量感更加强烈。欣赏雪雕的线条之美，还需要在不同的远近、角度与光线下进行观察。一步一景，每一次的移动都会带来不同的视觉体验。

在阳光下，雪雕的线条仿佛镀上了一层金边，显得更加熠熠生辉；在阴影中，线条则显得更加深邃与神秘。不同角度与距离的观察，也会让我们发现雪雕线条中隐藏的更多细节与美感。

总之，欣赏雪雕的线条之美，不仅是一场视觉的盛宴，更是一次心灵的旅行。它让我们在欣赏中感受到了冰雪艺术的无穷魅力与独特韵味。让我们在冬日里，用心去品味这些冰雪与线条共同编织的艺术佳作吧。

赏雪雕体积

欣赏雪雕的体积，我们首先会想到的是那种与绘画截然不同的空间占有感，那种实实在在的量感，即我们常说的体量感。而雪雕，以其特有的冰雪材质，将这种体积美演绎得尤为出色。

雪雕的体积，不仅仅是物质上的存在，更是一种精神上的象征。在寒冷的冬日里，雪雕以其坚实而饱满的形态，展现着冰雪世界的壮丽与纯净。当阳光洒在雪雕之上，那晶莹剔透的冰雪在光线的照射下，散发出迷人的光芒，使得雪雕的体积感更加突出，仿佛每一个细节都在诉说着冰雪的传奇。

雪雕的体积美，不仅仅体现在其真实的空间占有上，更在于它所传达出的情感与内涵。一个好的雪雕作品，往往能够通过对体积的精心处理，传达出作者的情感和思考。它们或雄伟壮观，或细腻入微，或深沉内敛，或奔放热烈，每一种形态都蕴含着作者对冰雪世界的独特理解与感悟。

雪雕的体积美还与空间的处理息息相关。在雕塑艺术中，空间与实体的关系总是相辅相成的。雪雕艺术家们通过巧妙地运用实体与空间的关系，创造出了一种独特的空间美感。他们或运用镂空的手法，将实体与空间相互渗透，形成一种虚实相生的艺术效果；或利用雪雕的体积感，创造出一种深远而辽阔的空间感，让人仿佛置身于一个冰雪的奇幻世界之中。

欣赏雪雕的体积美，需要我们用心去观察和感受。我们需要从不同的角度去欣赏雪雕，感受其在不同光线和角度下的变化与魅力。有时候，一个看似简单的雪雕作品，再换一个角度欣赏时，可能会发现其体积感的独特之处，从而让我们对作品有了更深的理解和认识。

此外，欣赏雪雕的体积美还需要我们具备一定的艺术修养和审美能力。我们需要通过学习和实践，不断提升自己的艺术鉴赏能力，以便更好地理解和欣赏雪雕作品的体积美。

总的来说，欣赏雪雕的体积美是一种极具挑战性和趣味性的艺术体验。它需要我们用心去观察和感受，用艺术的眼光去审视和理解。只有这样，我们才能真正领略到雪雕艺术的独特魅力和无穷韵味，感受到冰雪世界的壮丽与纯净。

摄影／董春阳

2 品量感之美

冰雪艺术，作为大自然与人类智慧交织的结晶，其展现出的量感与规模之美，往往让人叹为观止。这种美不仅体现在冰雪雕塑和建筑群的宏伟壮观上，更在于其与人、人与空间的互动与融合。当我们置身于这些冰雪杰作之中，便能够深刻体验到它们所散发出的独特魅力。

欣赏冰雪雕塑之规模

以太阳岛雪博会和哈尔滨冰雪大世界为例，我们可以领略到冰雪艺术的无穷魅力。

我们要从远处欣赏冰雪艺术的整体布局和规模。站在远处，太阳岛雪博会和哈尔滨冰雪大世界的冰雪建筑群如同冰雪城堡般屹立，壮观而宏伟。走近冰雪艺术，我们可以仔细观察其细节和雕刻工艺。冰雪雕塑的每一刀、每一凿都凝聚了艺术家们的匠心。无论是人物的神态，还是动物的形态，都栩栩如生，仿佛有了生命。同时，冰雪建筑的装饰和细节处理也体现了极高的艺术水平，让人赞叹不已。

在夜晚，大规模的冰雪艺术仿佛被赋予了新的生命，展现出与白天截然不同的魅力。当夜幕降临，灯光亮起，冰雪雕塑和建筑群在黑暗中熠熠生辉，仿佛将人们带入了一个梦幻般的冰雪世界。夜晚的冰雪艺术在灯光的映衬下，呈现出

摄影 / 董春阳

一种独特的视觉效果。不同颜色的灯光在冰雪上折射出五彩斑斓的光影,使得整个冰雪世界变得绚丽多彩。这些光影与冰雪的纯净白色相互交织,形成了一种既梦幻又神秘的氛围。

当悠扬的音乐声在冰雪世界中响起,人们仿佛能够感受到冰雪的灵动与生命的韵律。这种视听结合的艺术体验,让人们在欣赏冰雪艺术的同时,也能够感受到一种心灵的震撼。游客们可以近距离地观察这些冰雪作品,感受它们的质感和温度。

欣赏大规模的冰雪艺术,需要我们从远处观其整体布局和规模,走近细察其细节和雕刻工艺,并结合文化内涵来品味其深意。每一次近距离的接触,都是与冰雪艺术的深度对话。因此,欣赏大规模的冰雪艺术,不仅是一次视觉的享受,更是一次心灵的洗礼和升华。

欣赏冰雪雕塑之尺度比例

冰雪雕塑和建筑群往往以超乎寻常的尺度出现,它们巨大的体量和细致入微的雕刻工艺,形成了强烈的视觉冲击。站在这些冰雪艺术作品面前,人们会不由自主地感受到自身的渺小,这种尺度对比不仅增强了冰雪艺术的震撼力,也让人们更加敬畏大自然的鬼斧神工和人类的创造智慧。这种尺度对比也激发了人们的想象力和探索欲望。我们会想象这些冰雪作品是如何从一块普通的冰块或雪堆中诞生的,经过怎样的雕琢和打磨,最终成为眼前的艺术品。这种对冰雪艺术背后故事的探寻,可以帮助我们更加深入地了解它们所承载的文化内涵和艺术价值。

冰雪艺术在空间中的尺度与比例同样值得我们品味。冰雪雕塑和建筑群在空间中的布局和排列，往往经过精心设计和规划，以追求最佳的视觉效果和审美体验。它们与周围的自然环境和人造景观相互呼应，共同构建出一个和谐统一的空间整体。在比例关系上，冰雪艺术也遵循着一定的美学原则。无论是雕塑的高度与宽度的比例，还是建筑群中各个建筑之间的比例关系，都经过严格的计算和调整，以达到最佳的视觉效果。这种比例关系的协调与统一，不仅让冰雪艺术本身更加美观，也让整个空间呈现出一种秩序感和平衡感。

冰雪艺术在不同比例关系下的呈现也各具特色。在等比情况下，冰雪艺术与人的尺度、空间的比例保持相对平衡，我们可以清晰地看到其形态和细节，感受到其真实与生动。

在微缩比情况下，冰雪艺术虽然缩小了尺度，但其精致和细腻程度却丝毫不减，反而更加突显出其小巧玲珑的特质。而在放大比例情况下，冰雪艺术的宏伟气势和壮观景象则被放大到极致，让我们仿佛置身于一个冰雪的奇幻世界之中。

摄影 / 孙红柏

在欣赏这些冰雪艺术时，我们还需要考虑如何保证最佳的欣赏效果。这需要我们根据不同的比例关系调整自己的观察角度和距离。对于等比和微缩比的冰雪艺术，我们可以采用平视或近距离观察的方式来感受其形态和细节；而对于放大的冰雪艺术，则需要保持适当的距离和角度，以充分感受其宏伟气势和整体效果。

除了视觉上的享受外，冰雪艺术尺度还给我们带来了心灵上的触动。艺术的尺度并不仅仅是一种物理上的大小或比例，更是一种源自内心的艺术感受。它是对作品内在精神和外在形式的一种综合体验。当我们欣赏冰雪艺术时，这种内心的艺术感受尤为强烈。

冰雪雕塑的每一个细节、每一个线条，都仿佛在诉说着一个独特的故事，触动着我们内心深处的情感。我们会在欣赏的过程中，感受到一种超越物质世界的艺术魅力，这种魅力源于作品与我们内心世界的共鸣。因此，艺术的尺度，是我们在欣赏冰雪艺术时，与作品建立起的那种深刻而独特的情感联系。

摄影 / 张可佳

欣赏冰雪雕塑的位置与效果

冰雪艺术作为冬季里一道独特的风景线，以其纯净、洁白、精致的特性吸引着无数游客驻足欣赏。而在欣赏这些冰雪雕塑和建筑艺术时，人的位置与角度对于最终的欣赏效果起着至关重要的作用。人的欣赏角度、最佳欣赏位置对于来到冰雪世界的人来说尤为重要，并结合拍照的角度与构图思维，深入剖析如何更好地欣赏冰雪艺术。

欣赏冰雪雕塑的角度与效果

正面欣赏是最直接、最全面的方式。站在冰雪雕塑或建筑的正前方，可以清晰地看到其整体形态和细节设计。这种角度尤其适合欣赏那些对称、规则的作品，能够让人更加直观地感受到冰雪艺术的精湛工艺和整体美感。

侧面欣赏则能够突出冰雪雕塑或建筑的立体感和层次感。从侧面可以更加清晰地看到作品的轮廓线和结构变化，感受到冰雪的质感和光影效果。这种角度适合欣赏那些具有曲线美或动态感的作品，能够让人更加深入地领略冰雪艺术的韵味。

此外，俯视和仰视也是两种常见的欣赏角度。俯视可以让人从高处俯瞰整个冰雪艺术群，感受到其规模和布局之美；而仰视则能够突出冰雪雕塑或建筑的高大和雄伟，让人感受到其气势和震撼力。这两种角度适合欣赏那些规模宏大、气势磅礴的作品，能够让人更加全面地领略冰雪艺术的魅力。

欣赏冰雪雕塑的最佳位置

在规模化的冰雪艺术建筑群中，确定最佳欣赏位置是一项需要综合考虑的任务。既要考虑到作品的整体布局和规模，又要考虑到个人的视觉习惯和拍照需求。

对整体布局的观察是确定最佳欣赏位置的关键。站在远处，可以大致了解冰雪艺术群的整体布局和规模，从而初步确定一个合适的观察点。然后，根据个人的视觉习惯和兴趣点，逐步靠近或远离作品，寻找一个既能够全面欣赏到作品细节又能够感受到整体氛围的位置。

拍照的角度和构图思维对于确定最佳欣赏位置具有重要的借鉴意义。拍照时，人们通常会选择能够突出作品特点、展现美感的角度和构图方式。在欣赏冰雪艺术时，也可以借鉴这些拍照技巧来确定最佳欣赏位置。例如，可以寻找那些能够利用光影效果突出作品层次感或展现动态感的位置，以获得更加出色的欣赏效果。

对于小型冰雪雕塑，可以近距离欣赏其细节和工艺。站在雕塑的正面或侧面，可以清晰地看到其形态特点和雕刻细节。也可以尝试从不同的高度和角度欣赏雕塑，以获得更加全面的视觉体验。

对于大型冰雪雕塑或群组雕塑,则需要考虑到观赏距离和视角的问题。过近的距离可能会让人无法全面欣赏到雕塑的整体形态和规模;而过远的距离则可能让人无法看清雕塑的细节和质感。因此,需要找到一个既能够欣赏到雕塑整体形态又能够看清其细节的最佳位置。这个位置可能是在雕塑的正面稍远处,或者是在一个可以俯瞰整个群组雕塑的高处。

摄影 / 董春阳

　此外，考虑到冰雪艺术时间变化特点，最佳欣赏位置也可能随着时间和光线的变化而有所调整。因此，在欣赏过程中，不妨多尝试不同的位置和角度，以发现更多独特而美丽的视角。

　总的来说，冰雪艺术的量感与规模之美是一种多层次、多角度的美。它既体现在冰雪雕塑和建筑群的宏伟壮观上，也体现在它们与人、与空间的互动与融合中。通过欣赏这些冰雪艺术，我们不仅可以感受到大自然的鬼斧神工和人类的创造智慧，还可以获得一种超越物质层面的精神享受和心灵触动。因此，我们应该更加珍视和关注这些冰雪艺术杰作，让它们在未来的岁月里继续绽放出更加璀璨的光芒。

3 品内涵之美

在创作过程中，创作者不仅追求形式的美感和视觉冲击力，更希望通过作品传达出对冰雪文化的热爱和对环境保护的意识。这使得冰雪雕塑作品不仅仅是艺术品，更是一种文化现象和环保理念的体现。

品冰雪雕塑之内涵

在冰雪世界里，它们不只是大自然的神奇创造，更是东北人民智慧和情感的体现。每次看这些作品，都能让人想象到雕刻家们冒着严寒，用他们的双手和心灵雕刻出这些令人惊叹的艺术品。这些雕塑内部结构超级复杂，冰花层层叠叠，就像一座座透明的迷宫。有的雄伟壮观，有的精致细腻，每一座都像在讲述东北冰雪的传奇故事。观者能感受到它们蕴含的神秘和艺术感，仿佛置身于冰雪王国中。这些雕塑不只是冰雪的艺术再现，更是东北人民精神的展现。它们告诉我们东北人的坚韧不拔和勤劳朴实，也展示了他们对美好生活的追求和创造力。

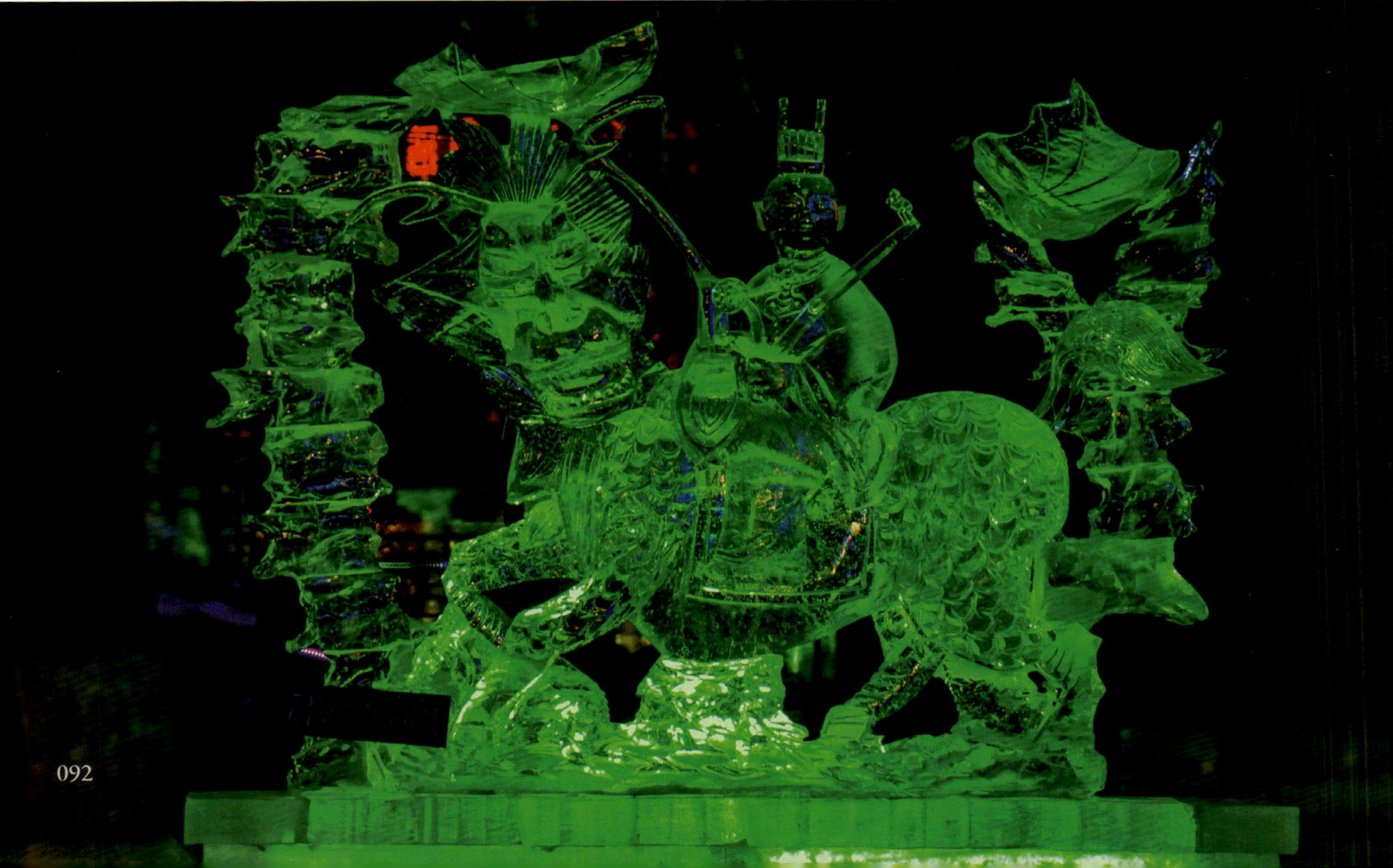

站在它们面前，仿佛能听到东北人民的歌声和笑声，感受到他们对家乡的热爱和自豪。冰雪雕塑以其独特的美感和文化内涵，成为东北冰雪文化的一张名片。它们不仅展示了东北人民的智慧和情感，也让我们更好地了解东北文化和历史。

品冰雪建筑之内涵

走进东北的冰雪世界，就好像走进了一个梦幻般的童话世界。那里的冰雪建筑真的太好看了，每一座都像东北的宝贝，静静地告诉我们这片土地的故事。你知道吗，这些建筑可都是用冰雪做的，但它们可不是简单的堆砌哦，而是利用冰雪的特性，创造出了超出想象的美丽。冰雪在这些人的手中，不再只是冷冰冰的，而是变得有生命、有艺术感。那些冰做的房子，坚固又美丽，就像是大自然给我们的一个温暖的怀抱。还有冰桥和冰路，它们连接着冰雪世界的每个角落，走在上面，就能感受到冰雪的纯净和力量。这些就是东北人民的智慧和创造力的结晶，他们用冰雪建造这些建筑，不仅是因为热爱和尊重冰雪文化，更是因为他们了解并善用了自然环境。

站在这些建筑前，真的被它们的美丽和内涵打动了。感受到了冰雪文化的深厚和魅力，也更深入地了解了东北这片土地的文化和历史。这些建筑就像是东北的名片，向世界展示着这里的独特和美丽。

当注视着眼前的这些冰建筑时，它们独特的形态和精美的设计，让人为之驻足。这些建筑仿佛是大自然的杰作，充满了纯净、脆弱和变幻莫测的魅力。让人深深地感受到了建筑师们对自然的敬畏和尊重。这种敬畏和尊重不仅仅体现在建筑的形式上，更体现在对冰材料本身特性的尊重和利用上。这些冰建筑不仅仅是一种艺术形式，它们还承载着地域文化和历史传统的印记。这种传承和创新让冰建筑具有了更深厚的文化底蕴。让人仿佛能够从中感受到一种文化共鸣和情感联系，仿佛这些建筑在诉说着属于这片土地的故事。同时，冰作为一种可再生、可降解的建筑材料，其生命周期短、对环境影响小，充分体现了环保和可持续发展的理念。这种环保理念符合了当代社会的需求，也为未来的建筑设计提供了有益的启示。站在这些冰建筑面前，人们不仅被它们的美所震撼，更被建筑师们的智慧和创意所折服。他们用自己的双手，将自然的恩赐转化为人类的艺术瑰宝，让我们能够更加深入地理解和感受自然、文化和环保的力量。

温馨提示：欣赏冰雪艺术的注意事项

在欣赏冰雪艺术时，确实需要注意一些规则或事项，以确保您的观赏体验既安全又愉快。以下是一些关键的注意事项：

首先，安全永远是第一位的。冰雪雕塑虽然美丽，但它们的材质决定了其易碎性。因此，在接近或触摸这些建筑时，请务必小心谨慎，避免对它们造成损害或引发安全隐患。同时，注意防滑，特别是在冰雪覆盖的地面行走时，要穿着合适的鞋子，以防摔倒。

其次，尊重冰雪建筑及其创作者。这些建筑不仅是艺术品，更是创作者的心血结晶。请不要随意刻画、涂鸦或破坏它们，以保持其完整性和美观性。

再次，注意保护自己的物品。在冰雪环境中，物品容易受潮或变冷。请确保您的个人物品得到妥善保管，以免受到冰雪的影响。

最后，保持环保意识。在欣赏冰雪建筑艺术的同时，请注意保护环境，不乱扔垃圾，保持场地整洁。这样不仅可以维护冰雪建筑的美丽，也可以为其他游客提供一个更好的观赏环境。

总之，在欣赏冰雪建筑艺术时，请务必注意安全、尊重建筑及其创作者、遵循观赏规则、保护个人物品并保持环保意识。这样，您才能充分领略到冰雪建筑艺术的独特魅力，享受愉快而难忘的观赏体验。

摄影 / 董春阳

第四章 冰雪之品

第五章 冰雪之绎

　　冰雪艺术如灵动的精灵，在时代的浪潮中不断推陈出新、发展变化。基于科技发展推动、时代功能需求变迁、大众审美的提升，冰雪艺术正从材料、技艺、创作主题、理念，到灯光及展演的室内外空间、国内外区域，到VR、元宇宙虚拟时空的拓展等方面，日益展现出越发迷人的魅力与多样的姿态，展现出独特而与时俱进之旺盛的生命力。

1 冰雪雕塑的艺术演进

生长于冰天雪地中的朋友们对冰雕冰灯应不会感到陌生，其中多数人更是拥有运用传统方法制作冰灯的丰富经历和经验，无论是制作"冻冰壳"还是堆砌"雪人"，皆是冰雕冰灯艺术的启蒙行为。冰灯冰雕作为一种区域性的民族、民俗和民间艺术形态，随着社会的不断发展，亦在持续变革与演进之中。

冰雪雕塑材料的延伸

冰雕作为一种别具一格的艺术表现形式，凭借其特有的晶莹剔透与清凉感深受大众喜爱。然而，冰雕艺术亦有其固有的局限，即易受温度影响而逐渐消融，因此冰雪雕塑常被誉为"遗憾艺术"。长久以来，业界一直在积极探索如何延长冰雪雕塑的艺术观赏期，包括尝试改变冰雪的分子结构以减缓其融化速度，寻找能够替代冰雕的合适材料。

在选择替代材料时，需着重考虑以下关键要素：首先，材料应具备较高的透明度，以便能够逼真地模拟冰雕的外观特征；其次，材料需具备优良的耐用性，能够抵御环境因素的侵蚀，如温度波动、紫外线辐射等，从而保持其形态与色彩的稳定性；再次，材料应易于加工与塑形，以满足冰雕创作过程中对材料塑形能力的需求；最后，还需考虑材料的成本效益，包括材料本身的成本以及加工、安装等附加成本，确保在经济上具备可行性。

为提升观赏效果，哈尔滨冰雪雕塑常设置于高耸的冰雪建筑之上或人们难以触及的位置。采用类似冰雪的物质进行替代，既有助于增强雕塑的结构稳定性，又能提升整体美观度，这种做法在冰雪雕塑领域已渐成常态。

亚克力板

亦称有机玻璃，以其高透明度著称，可灵活加工成多样化的形态，且对温度变化表现出优异的稳定性。无论是在室内还是室外环境中，亚克力板均能长期维持其原有形状与色泽。值得一提的是，亚克力注水冰雕作为注水冰雕的创新衍生产品，以亚克力为主要原料，采用浇铸、注塑、挤出、热成型等多种工艺精心制作而成，而传统的注水冰雕则完全依赖于冰雕师的手工雕刻技艺完成。

亚克力板

透明塑料

透明塑料

某些特定种类的透明塑料，在透明度方面与冰相近，却拥有更为卓越的耐用性与稳定性。此类材料具备高度的可塑性，可通过切割、弯曲以及黏合等精细工艺，被塑造成各式各样的形态，从而满足多样化的应用需求。

人造水晶

人造水晶材料，由塑料、玻璃、高聚合树脂、化学物质以及无色玻璃等原材料精心制作而成，其特点在于具备卓越的透明度和璀璨的光泽，能够有效地模拟冰雕所特有的质感。相较于冰，这些材料展现出更高的坚固性，更适合用于长期展览展示。

硅胶或透明树脂

透明树脂，作为一种无色且透明的合成材料，以其卓越的透明度和光滑度而著称。此类材料具备极高的可塑性，可通过模具浇筑的方式精确塑造出所需形状，并保持出色的稳定性。灵活添加不同种类的颜料和添加剂能够精细调整其色彩与质感，从而使其外观更为贴近冰雕的艺术效果。

人造水晶

透明树脂

　　冰雪雕塑材料的演变历程大致涵盖了自然冰雪、人工冰雪、混合冰雪、合成冰雪以及仿真冰雪等多个阶段。时至今日，人们仍在不断探寻是否存在一种既具备冰雪特质又非传统冰雪的新型材料。然而，在观赏冰雪雕塑时，人们更倾向于欣赏自然属性的冰雪作品，尽管其他材料能够解决冰雪的物态特征问题，但至今仍未能实现冰雪的独特属性特征。过分追求冰雪雕塑的替代材料将使之失去其本质与特色。因此，冰雪雕塑可以被其他艺术形式所模仿，但其独特的魅力与价值却无法被完全取代。

冰雪雕塑技术的演进

　　冰雪雕塑作为人们利用冰雪材料创作的艺术作品，其创作过程既涉及脑力劳动，又包含体力劳动，要求创作者在技术创新与工具使用方面具备相应的能力。冰雪雕塑的主要技术演进历程可概括为以下几个阶段：

全手工技术

　　全手工技术阶段是冰雪雕塑创作的初级阶段，主要依赖于制作者个人的想象和理解，通过运用简单工具辅助，实现冰雪雕塑的创作。在这一阶段，"手捧脚踢"等原始创作手法较为常见，人们通过利用自然力对冰雪形态进行改造。然而，由于冰雪本身温度极低，且周围环境同样寒冷，长时间徒手劳作会对人体造成不利影响。因此，尽管全手工技术代表着人类初步尝试适应自然并改造自然的能力，但从劳动保护的角度出发，人们逐渐意识到，要更好地实现冰雪雕塑的创作，必须借助更为高效和精准的工具。

半手工技术

　　众多冰雪雕塑作品都是借助半手工技术精心雕琢而成的，这些作品凝结了匠人们利用石质工具和铁质工具的辛勤付出。在冰雪雕塑的初期，专用的工具并未普及。正如古语所云："工欲善其事，必先利其器。"工具和技术相辅相成共同推动冰雪雕塑艺术的发展。

张弘驰创作

随着冰雪雕塑需求的日益增长，如今已经出现了专门锻造生产冰雪雕塑工具的作坊和专营店，极大地提升了冰雪雕塑的创作效率和质量。许多冰雪匠人将自己的雕塑工具视作珍宝，不轻易外借或传授给他人，甚至有人将冰雪雕塑工具神化，认为其具有辟邪之力，神秘而精湛的冰雪雕塑作品激发了人们对工具的无限遐想与好奇。

模具与机械技术进展

冰雪雕塑艺术目前正朝着两个方向发展，即大型化和精细化。以哈尔滨冰雪大世界所呈现的屡破纪录的冰雕塔为例，传统的手工工具已然无法满足其建造需求，因此，新工艺、新技术、新工具以及新模具的应用成为必然之选。

在大型冰雪雕塑的建造过程中，大型采冰设备、冰块切割设备、成型冰设备以及冰块提升设备等各类大型机械工具发挥着至关重要的作用，其效率与精准度远非人力所能及。

与此同时，室内冰雕和微型冰雕领域的发展亦十分迅速，这同样需要新工艺的支撑。小型电动工具、微电机钻头、热熔化刀具、冰内旋孔探头以及电动磨砂工具等新型工具正在得到广泛的推广和应用，为冰雪雕塑艺术家们的创作提供了更多可能性。

特别是在重复性较高的微型冰雕制作中，模具技术的应用尤为突出。通过模具制作，可以一次性完成冰雕的初步成型，实现多次重复利用，大大提高了制作效率。目前，小型雪雕塑模具已经得到了普遍应用，而在大型和超大型雕塑的制作中，仍然需要依赖人工堆砌和雕塑的方式。

3D 打印技术

采用 3D 打印技术，旨在全面替代传统的人工大型冰雕建造方式，为微型冰雕或冰雕组件的制作提供了最优化的实现手段。3D 打印冰块技术能够制造出与冰雕形状相吻合的物体，这些物体可由多种塑料或其他可打印材料制成，从而确保高度的定制性和精确性。尽管当前该技术仍处于实验室阶段，尚未广泛推广应用，但其展现出的优势与潜力令人瞩目，其显著优势主要表现在以下几个方面：

第一，3D 打印技术显著提升了制作效率。实现了冻雕结合，摒弃了传统的人工取冰环节，直接以自来水作为冰雕 3D 打印的原材料，经冰冻后直接打印成型。

张弘驰创作

张弘驰创作

第二,3D打印有效降低了人力成本。随着工程规模的扩大,所节省的人工成本越发显著,操作仅需1至2名工人即可完成。该技术具备高度的自动化特性,使得冰雕打印施工的质量更易控制,更适合规模化、标准化的施工需求,从而大幅提升冰雕的建造质量及效率,在大规模工程中表现尤为突出。

第三,3D打印技术具备良好的可重复性。同一份三维数字模型可同时在多个场地进行打印,极大地提高了施工灵活性和效率。

第四,该技术显著提升了施工安全性。由于冰雕3D打印的高度智能化和自动化特性,即使在极寒天气条件下也能进行施工,仅需少量人工进行监护,从而显著降低了工人的劳动强度及施工风险,确保了施工人员的安全。

冰雪雕塑创作主题的演进

冰雪雕创作的主题并非一成不变，而是随着社会发展的进程，逐渐体现出不同的社会价值和文化导向。其历史演变可追溯到古代至现代的不同时期，主题和风格在时代、地域和文化背景的变迁中不断发展和丰富，包括：古代至中世纪的自然与宗教的直观表达、文艺复兴时期的古典与人文精神的融合、近代至现代的多元化主题与创意性拓展。

我国冰雕艺术源远流长，早在汉代便有"积冰为楼"的记载，唐代更是出现了用于赏玩与馈赠的镂刻冰雕。在民间，冰雕最初以"冰灯"的形态出现，用于照明与节日装饰。随着近代以来冰雕技术的不断进步与人们审美观念的变革，冰雕创作的主题日趋多元化。除了传统的自然与宗教主题外，现代冰雕艺术家积极探索将各种文化元素、社会现象及个人情感融入作品之中。他们运用创新的手法与独特的视角，创作出众多富有创意与深度的冰雕佳作。此外，随着国际交流的日益频繁与全球化趋势的加强，冰雕艺术亦不断吸纳与融合不同文化的精髓，使得其创作主题更为丰富多彩。从喜庆、祈福、吉祥的传统主题，逐渐过渡到环保、和平、时尚等现代主题，展现出冰雕艺术的时代性与创新性。

冰雪雕塑创作理念的演进

冰雪雕塑作为一种独特的艺术形式，通过冰雪载体，巧妙地展示了雕塑家们的创新思维和卓越技艺。尽管冰雪雕塑如孪生兄弟般在形态上有所相似，但它们对光线的透射、反射和折射特性却各有千秋。随着时代的进步，艺术在内容、形式、技艺和审美观念等多个层面均发生了显著的变化。

在内容层面，早期的冰雕作品主要侧重于简洁的形态和图案，如雪球、雪人等形象，制作技艺也相对粗浅。然而，随着社会的演进，冰雕艺术家们开始从中华文化的深厚土壤中汲取灵感，将更多元化的文化元素和丰富的故事情节融入创作中，使冰雕作品在文化内涵上更加丰富和深邃。例如，一些艺术家巧妙地将传统装饰纹样转化为立体冰雕，或将历史文化符号进行巧妙的组合与创新，展现出别具一格的艺术魅力。

在形式层面，冰雕艺术亦经历了从单体到组合、从简单到繁复的蜕变。以往，受限于冰块采集和加工技术的制约，艺术家们往往只能利用整块冰材制作单体冰雕。然而，随着科技的进步和材料的革新，如今艺术家们已能够灵活地将大型冰块分割成若干小块，通过巧妙的组合、堆砌和雕刻，创作出更为庞大且复杂的冰雕作品。这种创作方式不仅极大地拓宽了作品的体量与规模，同时也使得大型冰雕建筑和组合式冰雕的制作更为高效便捷。

冰雕设计理念演进示意图

在技术和工具层面，冰雕艺术亦实现了从传统至现代的革新。往昔，冰雕艺术家们多依赖手工雕刻技艺，工具相对简易。随着科技的进步，电动工具逐渐普及，为艺术家们提供了更为广阔的创作空间。这些电动工具不仅提升了雕刻的精确度，使各种形状和纹理的塑造成为可能，同时也大幅提高了雕刻效率，使得冰雕作品在精细度和美观度上均得以显著提升。

在审美观念层面，冰雕艺术亦与时俱进，不断更新发展。传统的冰雕作品往往侧重于形象的生动逼真与细腻入微，而现代的冰雕作品则更加注重创意与表现力。冰雕艺术的审美体验亦日趋注重互动性与参与性。在当今社会，人们对互动与体验的需求日益增强，对冰雕作品的欣赏亦不再满足于简单的观看与赞叹。因此，艺术家们开始积极探索将更多互动元素融入作品之中，如融入灯光、音乐、科技等元素，使观众能够更深入地参与到作品的欣赏过程中，获得更为丰富与深刻的审美体验。

雪雕设计理念的演进

随着时代的推进，雪雕艺术得以逐步发展并达到成熟之境。在创作技法的层面，雪雕艺术家们既继承了传统的堆雪塑形之法，又积极汲取雕塑、绘画等艺术形式之精髓，从而显著提升了雪雕作品的艺术内涵与表现力。在题材选择上，雪雕艺术亦实现了从早期简单造型句人物、动物、建筑等多元化、精细化题材的跨越式发展。进入现代社会，雪雕艺术更是迈上了崭新的台阶。得益于现代科技手段的广泛运用，冰雪艺术品的制作技艺越发精湛，呈现出令人叹为观止的视觉效果。

冰雪雕塑灯光的演进

追溯冰雪雕塑发展史，我们看到"冰雪为载体，灯光为灵魂"的完美结合。冰雪作为冰雪雕塑的物质基础，而灯光则赋予了其灵魂与生命。若缺乏灯光的点缀与融

合，冰雪雕塑将仅仅是一堆无生气的冰块和雪堆，缺乏灵动与活力。

冰雪雕塑的艺术魅力在很大程度上取决于灯光的照射、映射、反射和折射效果，就像是给冰雪雕塑穿上了五彩斑斓的礼服，让它们焕发出令人惊叹的光彩。冰雪雕塑的美感与灯光的巧妙配合密不可分。冰雪雕塑的灯光技术，从古老的烛光时代，到白炽灯的闪亮登场，再到荧光灯的酷炫转变，最后到现在的冷光源（LED）时代，每个阶段都有它独特的魅力。为了让冰雪雕塑更加绚烂多彩，常常采用各种创意手段来改变光线的颜色。比如，用彩色塑料纸包裹灯光，就像是给灯光穿上了彩虹的外衣；或者在冰雕表面着色、贴纸，让它们呈现出更加丰富的色彩和层次。光源的内置与外设方式，就像是给冰雪雕塑定制了专属的照明方案。冰雕通常用内置光源，显得晶莹剔透，仿佛内部有星光闪烁；而雪雕则以外设光源为主，让雪花在灯光下翩翩起舞，美得令人窒息。

结合自主研发的灯光智能控制系统，可以实现无数彩灯的精妙组合，让七彩灯光随着音乐节奏舞动。通过计算机程序控制可以实现多个独立景观的灯光秀表演，使灯光的演绎效果达到极致。

在冰雕艺术的灯光设置中，对于 LED 灯类型的选用，实际上是一个充满多样性与灵活性的决策过程，这一过程主要受到冰雕作品的设计理念、所追求的灯光效果以及预算分配等多重因素的共同影响。以下是几种常见且适合应用于冰雕艺术领域的 LED 灯类型：

单色 LED 灯

单色 LED 灯以其发出单一色彩光线的特性而著称，如白色、蓝色或黄色等。此类 LED 灯能够有效地为冰雕作品提供均匀且柔和的照明效果，并精准地突显作品的线条轮廓之美，通常被广泛应用于那些追求简约而纯粹照明风格的场合中。

RGB LED 灯

其具备发出红、绿、蓝三原色光的能力，在营造多彩光影效果方面表现出色。通过精确调控各色光混合比例实现丰

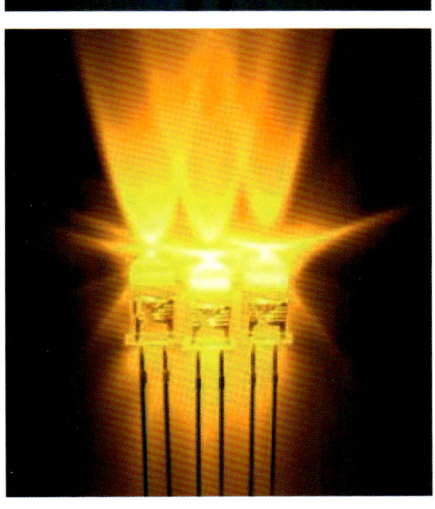

单色 LED 灯

摄影/张澍

富多样的色彩变化，能够显著提升冰雕作品在夜晚或暗光环境中的视觉吸引力。

LED 灯带

鉴于其柔软可弯曲的特性，LED 灯带能够便捷地贴合冰雕作品的各种形态与曲线，常被应用于描绘冰雕作品的轮廓或突显某些精致细节，从而为作品赋予更丰富的层次感和立体视觉效果。

LED 投光灯

LED 投光灯以其出色的聚光性能著称，能够将光线精准地聚焦于冰雕作品的特定区域，常被用于强调冰雕作品的某一关键部位或细微之处，从而使其更显醒目与突出。

LED 灯带

LED 投光灯

冰雕中 LED 点光源技术的运用，旨在通过照明与装饰手段提升冰雕作品的艺术表现力和视觉吸引力。通过巧妙布局 LED 点光源，为冰雕作品创造出独特而迷人的光影效果，进而增强了其观赏价值。LED 点光源在冰雕作品中的应用主要体现在以下方面：

在照明效果方面，LED 点光源能够均匀且柔和地照亮冰雕作品的各个角落，凸显出其精细的雕刻纹理与立体感。通过灵活调整光源的亮度和色温，营造出多样化的光影氛围，使冰雕作品在夜晚或暗光条件下更显醒目与迷人。

在色彩渲染方面，LED 点光源凭借出色的色彩表现力，根据创作需求灵活调整光源颜色，为冰雕作品注入缤纷的色彩。通过采用先进的 RGB 调色技术实现多种颜色的混合与变化，营造出如梦似幻般的色彩效果。

在动态效果方面，借助编程和控制系统，LED 点光源能够展现出闪烁、渐变、流动等动态光影效果，增强了冰雕作品的互动性。

此外，LED 点光源还具备节能环保的显著优势。相较于传统照明设备，LED 点光源具有更低的能耗和更长的使用寿命，且不含有害物质，有助于降低对环境的影响。其高效节能与绿色环保的特性，使冰雕中 LED 点光源技术的应用更符合现代社会的可持续发展理念。

在冰雕艺术中，视觉效果的提升经历了一个由单色到多色的演进过程。以往，国内的冰雕作品多采用发出白色光线的日光灯管作为照明光源，欲实现五彩斑斓的视觉效果，则需将彩色塑料纸包裹于灯管之上。然而，此种照明方式存在光线刺眼、连续性不佳的缺陷，难以充分展现冰雕作品的独特魅力。随着技术的不断进步，节能型 LED 灯带以发光均匀、光线柔和细腻、通透明亮，且可根据实际需要灵活调整色度参数的优势逐渐在冰雕展示中得到广泛应用。如今，冰雕景观

的色彩已远非简单的赤橙黄绿青蓝紫七色所能概括,大型冰雕作品与多彩灯光秀、光影以及魔幻光等元素的融合已成为艺术创作新潮流。

冰雪雕塑的跨界演进

从地域上看,地球的南北两极和南北半球的欧洲、北美洲以及东北亚次大陆,都是气候异常寒冷和冰雪资源较为集中的地带,冰雪资源尤为丰富。冰雪受到光照、风力、温差以及昼夜变化的深刻影响,形成了诸如冰川、冰柱、悬瀑、冻树等独特的自然景观。人类受到自然的启迪,将人文元素与冰雪完美融合,从而孕育出一种独特的文化现象。随着冬季的来临,那些被冰雪覆盖的国家纷纷致力于推动冰雪旅游的发展,这已成为一种具有深远世界意义的旅游经济现象。

冰雕艺术作为一种别具一格的艺术表现形式,与文化旅游之间存在着紧密而不可分割的联系。文化旅游,其核心在于文化的交流与融合,旨在实现文化的和谐共生,强调旅游者在体验旅游资源文化内涵过程中的深度参与。冰雕艺术正是能够充分展示文化内涵、显著提升旅游体验的重要资源之一。

冰雕作品,作为一种独特的文化载体,承载着丰富的文化内涵和艺术魅力。无论是承袭千年的传统冰雕技艺,还是融入现代元素的创新冰雕设计,均深刻反映出深厚的文化底蕴和艺术价值。这些冰雕作品,既展现了冰雪的纯净与美丽,又蕴含着地域特色、民族风情以及历史传统的丰富信息,为游客提供了一种别具一格的文化享受。

冰雕艺术对于丰富文化旅游的内涵具有重要意义。结合当地的民俗、历史、传说等独特元素,冰雕艺术可精心打造出富有地域特色的文化旅游产品,这些产品不仅引人注目,更能引领游客深入探寻当地的文化底蕴和历史脉络,进而提升旅游的趣味性和教育价值。

冰雕艺术亦有助于推动文化旅游产业的创新发展。随着科技的日新月异和人们审美趣味的不断提升,冰雕艺术亦在持续创新与发展之中。通过融入前沿技术、创新材料和先进设计理念,能够创造出更加精美、富有创意的冰雕佳作,为文化旅游产业注入创新活力。

哈尔滨的冰雕雪塑,晶莹剔透,宛如梦幻般的童话世界,

不仅具备非凡的美学价值,更蕴含着深远的教育意义。游客在欣赏这些冰雕雪塑时,无不为之惊叹,心潮澎湃,情感得到升华,精神境界得以提升。置身于哈尔滨的冰雪世界,人们能在瞬间深刻感受到自然界的瑰丽多姿,由衷地赞叹大自然的千变万化,这种神奇力量激发人们去敬畏自然、感恩自然、探索自然、认识自然。

冰雪雕塑无疑是艺术家心灵寄托之所,然而,艺术并非只是纯粹的精神寄托,它同样需要得到社会的认可和支持。在这个过程中,旅游作为冰雪雕塑与市场之间的桥梁,发挥着举足轻重的作用。尤其对于未曾体验过冰天雪地之美的人们而言,观展、观摩、体验、观赏、欣赏、鉴赏冰雪雕塑艺术,需亲自置身于特定的场景场地之中,完成从日常空间到艺术空间的迁徙,实现经济价值的传递与让渡。因此,各国各地纷纷积极推广冰雪雕塑活动,通过举办节庆活动、建立冰雪雕塑园区、组织冰雪雕塑比赛等多种方式,推动冰雪艺术的跨业融合与演进,进而促进冰雪经济的繁荣发展。

2 冰雪雕塑的国内外拓展

冰雪文化交流

冰雪雕塑，作为冰天雪地间共同的艺术瑰宝，虽因地域与民族之差异，其起源时间有先后，但雕刻技艺之精髓则大致相通。仅在内容表达与理念传递方面，各地域展现出别具一格的特色。无论是以抽象之手法，还是以具象之形态，各地冰雪雕塑均精彩纷呈地展现了本民族独特的文化魅力。当前，国内外对于冰雪雕塑起源的所谓正本溯源学术探讨，虽热度不减，但笔者以为，过分纠结于此类伪命题并无必要。就冰雪雕塑的市场化推进而言，国内无疑以哈尔滨为翘楚。个人的兴趣与爱好在此得以转化为职业，社会的广泛认可更促使冰雪雕塑发展成一项繁荣的产业。这正是冰雪雕塑得以不断发展壮大的坚实基础。而此种现象不仅存在于国内，国外亦有之；不仅限于当代，历代皆有传承。只不过，各时代、各地域的表现方式有所不同罢了。

国内交流与拓展

自 1963 年起，哈尔滨便成功举办了兆麟公园冰灯游园会，自此之后，该游园会的规模持续得到扩大，直至 1999 年冰雪大世界的建设，更是将冰灯游园会推向了新的高度。1988 年，哈尔滨太阳岛举办了盛大的雪博会，其间所制作的大体量单体雪雕作品，不仅在国内引起热烈反响，更在国际上赢得了极高的声誉，被誉为世界之最。哈尔滨 1987 年举办的国家冰雕比赛进一步推动了冰雪雕塑艺术的发展。1996 年，哈尔滨成功举办了雪雕比赛，标志着冰雪雕塑的规模化、集约化、市场化运营正式步入了快速发展的轨道。

冰雪雕塑在国内的推广和应用主要聚焦于东北、华北及西北地区的"三北"地带，其中哈尔滨作为先行者，已大规模开展冰雪雕塑项目并取得了显著成效。

此外，内蒙古的满洲里、呼伦贝尔、兴安盟阿尔山、通辽的霍林郭勒、鄂尔多斯、乌兰察布、包头以及呼和浩特等地也积极投身于冰雪雕塑的开发与创作之中，共同推动冰雪雕塑艺术在国内的广泛传播与发展。

阿尔山冰雪节冰雕

亚布力（第17届黑龙江滑雪节）

阿尔山冰雪节冰雕

阿尔山冰雪雕塑风情园一直建设运营，成为阿尔山不冻河、冰雪温泉的绝妙组合，被称为中国冰雪旅游第四极。吉林省的长春市、吉林市、长白山、松原查干湖也在开发冰雪雕塑，由于气温的原因，开发的过程断断续续。目前，吉林省开发的"冰雪新天地"已经有一定的影响力。辽宁省的铁岭、沈阳也开展冰雪雕塑，沈阳棋盘山建设的冰雪雕塑影视城，虽很有吸引力，但是因温差变化太大、冰雕高度受限，观赏度相比哈尔滨冰雪大世界略逊一筹。

华北地区冰雪雕塑项目的开发最早可追溯至北京的龙庆峡。自1987年起，该地区开始举办冰灯游园会，并逐步拓展为冰雪嘉年华活动。然而，受气温和场地面积的限制，该项目的规模一直未能实现显著扩大。尽管如此，在冬季时，龙庆峡仍成为北京市民欣赏冰雪美景的热门去处。

此外，河北省的承德和张家口地区也相继开展了冰雪雕塑制作活动。张北冰雪雕塑园和承德冰雪雕塑园林都曾进行过数次开发尝试。然而，由于气温条件的影响，这些有形态的冰雪景观往往难以长时间保存。在风力和紫外线的共同作用下，这些景观往往会遭受严重破坏，导致欣赏价值大打折扣，因此未能实现规模化发展。

21世纪初，在黑龙江省的援疆政策引领下，新疆西北地区积极学习并借鉴了哈尔滨的冰雪旅游模式，致力于打造阿勒泰冰雪大世界项目。然而，由于新疆地区水资源相对匮乏且紫外线辐射较强，冰雪雕塑未能实现大规模推广。新疆的阿勒泰、伊犁、乌鲁木齐等地都尝试过开展冰雪雕塑项目，但其影响力和规模尚未达到预期效果。新疆的冰雪雕塑项目仍在持续进行之中。相较于滑雪场而言，冰雪雕塑在受欢迎程度上稍显逊色，滑雪场却因其无形的魅力吸引了更多的游客。

冰雪热席卷全国，天津、山西、山东、甘肃、宁夏、陕西都试图做冰雪雕塑景区，但由于高强度紫外线和运营时间短，商业运作都颇受影响，许多冰雪雕塑活动都在山里和景区举办。2013年陕西太白山，2016年新疆霍尔果斯，2017年山西大同都建设了类似的冰雪雕塑景区。为了宣传和推广当地旅游，这几个地区都做过时间不等的尝试，由于冰源、冰质、经营期短而未能持续发展。

黑龙江省内冰雪雕塑的普及程度较高，各县市每年均会进行不同规模的冰雪雕塑的建设工作。目前，已形成一定规模的冰雪雕塑项目包括牡丹江的雪堡，该项目主要以雪雕艺术为核心；伊春的冰雪欢乐季，该活动则侧重于冰灯与冰建筑的展示。其他地市的冰雪雕塑亦作为冰雪旅游的重要组成部分，与当地文化及区域性景观紧密结合。

就全国范围而言，冰雪雕塑的园区建设及赛事活动主要集中于三北地区。此外，冬季体育赛事也积极融入雪雕元素，以丰富比赛场景。例如，长春的瓦萨越野滑雪赛事即在净月潭设置大量雪雕作为赛事背景，参赛者得以在雪雕的环绕中穿行竞技。同时，冰雪雕塑比赛亦受到各地政府及企业的青睐，他们纷纷借此契机组织各类赛事，以推动冰雪旅游的发展。此类赛事包括国际邀请赛、大师赛、大学生冰雪雕塑比赛等，形式丰富多样，有助于提升冰雪雕塑的社会影响力与文化价值。

国际交流与拓展

冰雪雕塑作为一种独特的人文艺术形式，凝聚了众多能工巧匠的智慧与匠心。随着冰雪雕塑在大众中的普及和旅游业的推动，大型冰雪雕塑的国际交流越发频繁与活跃。在全球范围内，世界知名的十大冰雪节庆活动均伴随着冰雪雕塑的展示与交流，充分展现了冰雪雕塑的魅力和多样性。

国际上成立了冰雪雕塑艺术协会，该协会致力于组织各国之间的冰雪雕塑艺术交流，并举办艺术比赛，进一步促进了各国雕塑家之间的沟通与合作。在欧洲，冰雪艺术与冰雪区域之间有着紧密的联系，其中芬兰、挪威和法国在冰雪雕塑艺术领域取得了显著成就。

冰蒸汽火车

由于部分国家的人力成本相对较低，发达国家的冰雪雕塑项目已通过外包的方式实现。每年，芬兰、挪威、瑞典、法国、意大利等国家均会举办冰雪雕塑交流赛事，吸引了众多国际雕塑家的参与。此外，加拿大魁北克、美国阿拉斯加，以及南美智利和大洋洲新西兰等地区也定期举办冰雪雕塑比赛，进一步推动了冰雪雕塑艺术在全球范围内的传播与发展。

值得一提的是，日本札幌的"雪祭"活动，在专门的园区内设置精美的雪雕作品，作为雪祭活动的重要组成部分，不仅展示了冰雪雕塑的艺术魅力，也丰富了当地的文化生活。

相较之下，北半球国家在冰雪雕塑领域的交流尤为活跃。哈尔滨的冰雪雕塑艺术家们频频走出国门，一方面积极参与国际赛事与雕塑艺术交流，另一方面承接冰雪雕塑工程，致力于在全球范围内建造冰雪雕塑园。同时，俄罗斯、芬兰、法国、韩国等国家也举办了多届国际冰雪赛事，黑龙江的众多雕塑工匠积极参与其中，创作出了许多优秀的冰雪雕塑作品，赢得了广泛赞誉。例如，2018年韩国平昌冬奥会的冰雪雕塑园便是由哈尔滨冰雪雕塑团队精心打造的。如今，我国在冰雪雕塑领域的国际影响力不断提升，不仅向全球输出优质的冰雪雕塑服务，更致力于推广中国的冰雪品牌。在马来西亚、泰国，甚至中东迪拜等地，黑龙江省也积极开展室内冰雪雕塑的创作与展示。哈尔滨冰雪雕塑的声誉已远播海外，特别是哈尔滨每年的冰雪雕塑比赛，已逐渐发展成具有国际级水平和影响力的盛事，各国冰雪雕塑艺术家均以能参加哈尔滨冰雪雕塑比赛为荣，以荣获奖杯和证书为骄傲。

国外冰雪雕塑的大观

每逢冬季，全球各地的冰雪雕塑均展现出独特的魅力，成为众多旅游目的地的亮点。这些充满创意的冰雪雕塑不仅丰富了人们的视觉体验，也推动了冰雪雕塑艺术由单一的观赏功能向多元化生活功能的转变。通过将雕塑工艺与建筑工艺相结合，我们成功打造出规模宏大的冰雕景观。

评价一个地区的冰雪雕塑主要依据以下五个方面：第一，观察雕塑的单体体量大小，这是衡量其规模与气势的重要指标；第二，考察雕塑的数量和整体规模，这反映了冰雪雕塑在该地区的普及程度和影响力；第三，关注民众的参与状况，民众的积极参与是冰雪雕塑文化得以传承和发展的关键；第四，分析雕塑的主题立意，这体现了冰雪雕塑的文化内涵和审美价值；第五，评估雕塑的精湛程度，包括工艺水平、设计创新等方面。以下精选的一系列冰雪雕塑景观和场景各具特色，充分展示了冰雪雕塑艺术的魅力与创意。

2018年，在英国曼彻斯特市，一个别开生面的项目得

以实施——建造了一处别致的"冰村"。该项目精心策划，利用 250 吨冰块，打造出了一处充满奇幻色彩的冬季仙境。这一创意灵感，源自曼彻斯特丰厚的工业遗产。在这片冰雪覆盖的区域内，除了构造精致、错综复杂的冰雕艺术品之外，还设有别具一格的冰吧与溜冰场，为游客提供了丰富的体验。此外，特别设置的圣诞老人石窟，更是为这个冰雪世界增添了一抹节日的温馨与神秘。

2015 年，伦敦海德公园呈现了一个别具一格的冬季仙境，其特色在于一个令人叹为观止的冰雪王国。这个冰雪王国共包含 300 件冰雕艺术品，从庄重的王座到栩栩如生的冰冻动物，每一件都充满了艺术魅力。这些冰雕作品并非轻易完成，而是艺术家们运用包括电钻和钢武士刀在内的专业工具精心雕琢而成，其中最引人注目的作品冰王座彰显了艺术家们的精湛技艺与无限创意。

冰王座

2015年，比利时列日镇隆重举办了一场以星球大战为创作主题的冰雕节活动。此次活动汇聚了全球范围内30位杰出艺术家，共计展出了61件别具一格的冰雕艺术作品。雕刻家们充分利用了500吨冰块，经过精心雕琢，呈现出一系列规模从2米至6米的冰雕作品。游客们不仅有机会欣赏到栩栩如生的冰冻冲锋队形象，更能领略到对达斯维达、尤达以及莱娅公主等经典角色的冰冷而庄重的致敬。

"星球大战"主题冰雕

2019年，捷克贝斯基迪山脉的普斯捷夫尼镇隆重举行了享誉全球的冰雕节，吸引了数以万计的游客前来观赏。在此次活动中，艺术家们精心运用了链锯、研磨机等电动工具，历经约一周的时间，使用40吨冰块雕刻出了精美的雕塑作品。这些庞大的冰块原自奥帕瓦的食品仓库，随后被安全地运送至普斯捷夫尼，并妥善安置在帐篷中，以有效防止其融化，确保冰雕作品能够长久地展示给游客们欣赏。

鱼冰雕

2018年，俄罗斯伊热夫斯克的乌德穆尔特冰雪节得以成功举办，其背后得益于一个名为 Creative Dacha 的当地艺术团体。该团体积极行动，联合了来自俄罗斯和白俄罗斯的共计 28 位冰艺术家，共同投入冰雕创作之中。经过连续五天的辛勤工作，他们成功创作出了具有宗教仪式意义的大型冰雕作品，为冰雪节增添了浓厚的艺术氛围。

宗教仪式冰雕

2016 年，俄罗斯莫斯科胜利公园冰雪节所运用的冰块均直接源自贝加尔湖，使其纯净无瑕的特质得以完美展现。克里姆林宫雕塑底部精心安装的彩灯，为观众呈现了一幅天然冰块晶莹剔透的绝美画卷。

克里姆林宫冰雕

罗马角斗场

印度泰姬陵冰雕

2018年，俄罗斯莫斯科冰雪节上呈现了诸多全球知名地标的冰雕艺术品，包括著名的罗马角斗场和印度泰姬陵。

家庭圣诞场景冰雕

美国马里兰州国家港口所举办的展览，致力于呈现不同主题的冬季仙境。其中，特别引人注目的是那重达907吨的家庭圣诞场景冰雕。这些精美的雕塑均由冰雪艺术家精心创作而成，并在保持5℃的寒冷环境中得以完好保存，使观众们得以领略到冰雪艺术的别样风情。

2013年，野生动物保护协会在美国布朗克斯动物园隆重展出了精美的驯鹿冰雕作品。每年，该协会均会在布朗克斯动物园举办"向野生动物冰雕致敬周"活动，旨在通过这一富有创意和启发性的方式，向广大公众宣传保护野生动物的重要性，提高人们保护野生动物的意识。

驯鹿冰雕

在2014年Art Meets Ice冰雕节期间，芬兰赫尔辛基动物园内精心制作了栩栩如生的野生小马驹冰雕作品。

野生小马驹冰雕

芬兰的罗瓦涅米是一座独特的城市，坐落于神秘的北极圈内。该城将城市建设与市民生活相结合，独具特色地设立了冰吧和冰餐厅，冰吧内客人可以品尝到以冰杯盛装的鸡尾酒，提供了别致的北极圈餐饮体验。在罗瓦涅米的街区和城市广场，随处可见精美的冰雪雕塑，它们不仅展示了当地人对冰雪文化的热爱，也为城市增添了浓厚的艺术氛围。

冰餐厅

冰旅馆

  自 1989 年起，瑞典尤卡斯耶尔维的冰旅馆始终致力于每年的冬季重建工作，其采用托尔讷河的冰块精心打造而成。Icehotel 自诩为世界首创，同时也是规模最大的冰旅馆。该旅馆通常在每年的 12 月至次年 4 月期间对外开放，并设有 15 间套房，以供游客体验独特的冰雪住宿环境。每年 Icehotel 都会精心挑选一批才华横溢的艺术家，负责设计并创建可容纳 30 至 40 位客人的冰雪小教堂，为那些希望在冰雪世界中缔结良缘的新人提供了梦幻般的婚礼场所。为了满足这一需求，Icehotel 还特别配备了专业的内部婚礼协调员，为每一对新人量身定制婚礼方案。据悉，冰教堂每年大约会举办 150 场婚礼，吸引着来自世界各地的情侣们前来体验这一浪漫而独特的婚礼形式。

冰教堂

冰竖琴

挪威的盖洛作为世界上独一无二的冰上音乐节举办地,吸引了来自世界各地的音乐家齐聚一堂,在精心挖空的冰洞中,艺术家们便用冰精雕细琢而成的乐器共同演绎美妙乐章。制作乐器的冰块多数源自附近湖面冻结的冰块,经过精心挑选,切割下重达91千克的冰块作为原材料。通过链锯的精细加工,这些冰块最终被雕琢成吉他、号角以及竖琴等各式乐器。在2009年的音乐节上,特色乐器当数竖琴。

自1999年起,位于挪威芬马克的索里斯尼瓦冰屋酒店便开始了其建设历程。长期以来,该酒店享有世界上最北端冰雪酒店的殊荣,每年均经历全面的冰雪重建过程。酒店内部设施完备,包括26间舒适的客房、4间装饰考究的套房,以及一个别致的冰教堂和冰吧。整座酒店由重达250吨的冰块精心打造而成,其建造工作由当地技艺精湛的艺术家和工人共同完成。

索里斯尼瓦冰屋酒店1

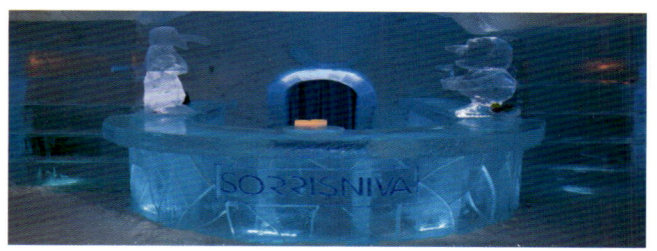

索里斯尼瓦冰屋酒店2

冰滑梯

自 2002 年起，蒙古冰雪节便由游牧驯鹿牧民 Tsaatan 部落隆重举办，这个盛大的节日每年如期举行。冰雪节活动选址于蒙古最大淡水湖——霍夫斯戈尔湖，当其湖面结冰时举行。冬季时，整个湖泊结冰厚度可达 1.8 米，气温骤降至 -31℃，形成天然冰滑梯——库苏古尔，为冰雪节的庆祝活动提供了得天独厚的自然环境。

位于加拿大魁北克拉努迪耶以北的圣科姆小村庄，一直承袭着举办冰雕艺术节的传统。这个节日自 1967 年开始，至今已经持续了几十年，始终致力于推动和传承冰雕艺术，如今依旧生机勃勃。

每年的这个时候，全村的业余冰雕师们齐聚一堂，在大街小巷中展示他们精湛的技艺。近百个大冰块被精心布置在房屋前的各处，成为一道道亮丽的风景线。工匠们手持刀具、钻头，借助机械锯等工具进行现场雕刻，他们的每一次挥刀都显得如此娴熟而有力。

与此同时，众多好奇的游客和村民也纷纷驻足观看，他们为工匠们的精湛技艺所折服，不时发出赞叹之声。这场冰雕艺术节不仅展示了冰雕艺术的魅力，也促进了社区的文化交流和传承，成为圣科姆村庄的一张亮丽名片。

冰雕雕刻现场

冰雪雕塑的时空演进

冰雕艺术的审美范畴正不断扩展。以往,冰雕主要被视为一种地域特色鲜明的艺术形式,局限于在寒冷地区流行。然而,在当代社会,随着人们对多元文化的接受与欣赏,冰雕艺术已逐渐超越地域界限,成为具有国际影响力的艺术形式。众多国家和地区纷纷举办冰雕展览与竞赛,冰雕作品亦在更多场合与空间中呈现,为观众带来前所未有的观赏体验。

其中,最为显著的时空演进表现为自然空间向人造空间的转变,即冰雕由户外移至室内。此外,空间转移的另一趋势是由寒地向热地的扩展,反季节、异地的冰雪雕塑日益盛行。这一变革得益于制冷与保温技术的突破,以及制冰造雪技术的创新。原本仅限于东北寒冷地区的冰雪雕塑,现已在南方众多城市落地生根,如广州融创雪世界、深圳的阿尔卑斯冰雪空间、深圳的冰雪世界、成都的冰雪情缘、武汉的热雪奇迹等。这些地方不仅提供滑雪与戏雪体验,还设有冰雪雕塑展室,冰雪气候、环境、生态的模拟已形成产业模式,并在各地得到广泛推广。

我国南方民众对冰雪展现出了浓厚的兴趣,尽管广东、海南等省份因气候因素常年难以目睹冰雪景象。鉴于此,一些有识之士便将冰雪雕塑展览与游乐项目引入南方,这些活动不仅广受欢迎,还具备可观的盈利潜力。因此,众多企业纷纷瞄准冰雪产业,在南方各地选址兴建室内冰雪馆。特别是近十年来,众多大型财团与企业,如万达、融创、世贸等,纷纷加大投资力度,在全国范围内布局建设冰雪场馆。

冰雪雕塑在南方展览的初始推广,主要得益于房地产开发公司的积极推动。众多开发公司为增强人气并制造宣传亮点,在其房地产项目中纷纷选择冰雪雕塑作为营销场景,在开发的小区内进行展示。随后,部分房地产营销公司直接利用冰雪雕塑作为地产模型,打造成观赏景点,有效地宣传了房地产开发项目,甚至从最初的免费参观逐渐发展为门票经济。在发现这一商机后,各类室内冰雪雕塑开始广泛进驻景区、街区以及商场等场所。起初,这些室内冰雪雕塑的规模相对较小,大约占地300平方米。在此领域,哈尔滨太阳岛冰雪雕塑艺术馆堪称最早且规模最大的代表。2016年,哈尔滨冰雪大世界又率先建造了气膜冰雪游乐馆,馆内不仅展示了精美的冰雕作品,还设置了丰富的冰上游乐项目,使得室内冰雪观光项目在内容和形式上越发丰富和完善。此后,这一模式被各地广泛复制和推广。

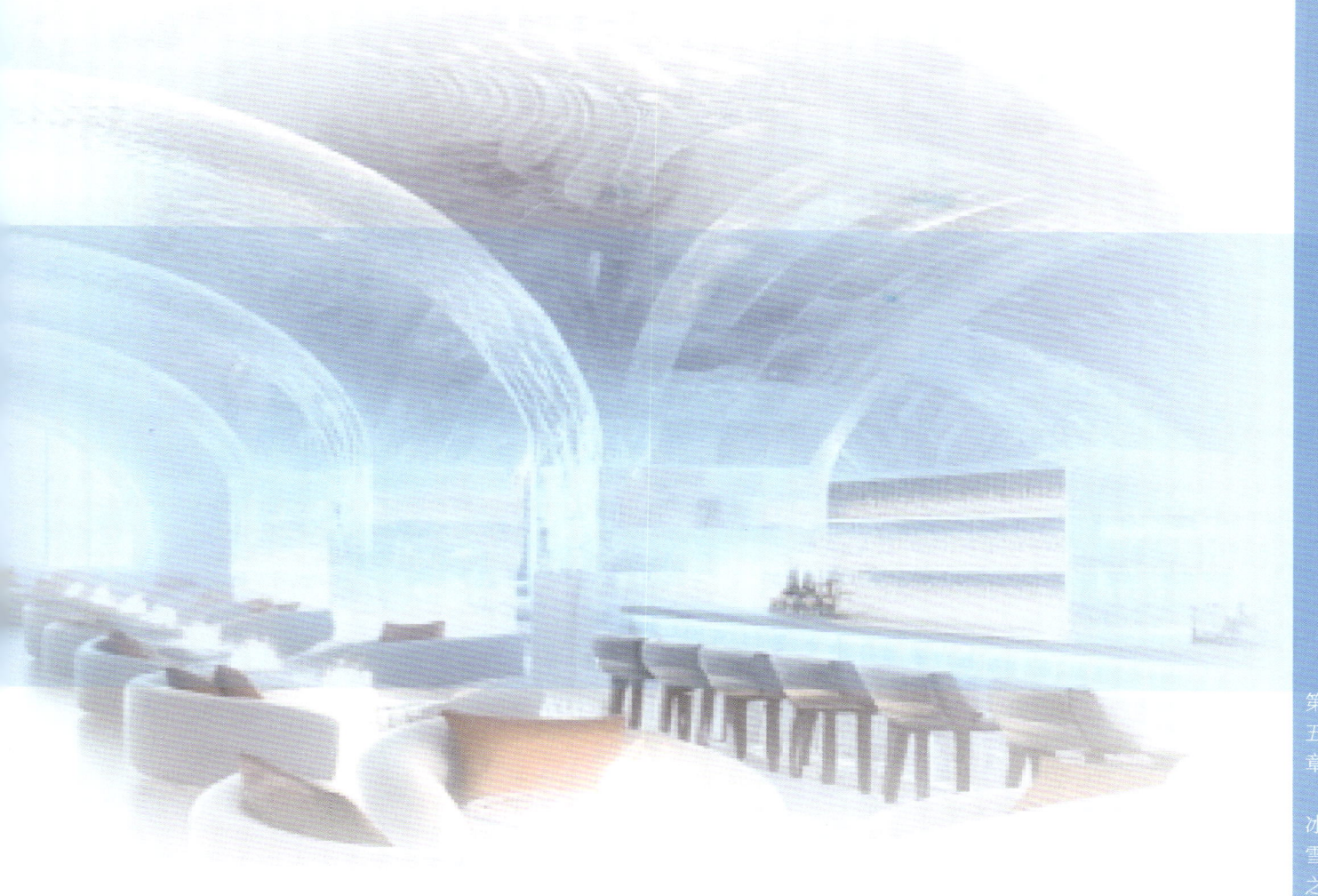

室内冰雪雕塑的基本要素

首先，室内温度需维持在低于0℃，通常认为-5～-8℃为最佳状态。同时，确保良好的通风与除湿措施至关重要。在实施室内冰雪雕工程时，应依次完成房屋建筑工程、制冷工程、保温工程以及制冰造雪工程。制冷技术主要有直接制冷和间接制冷两种形式，需依据室内空间大小来确定制冷方式、机型及功率。当前，多数室内冰雪雕塑项目采用风媒介与水媒介相结合的制冷方法，此举旨在避免室内湿度过高，并提升通风效果及室内可视度，防止雾化现象的发生。

保温措施和材料的选择同样多样化，取决于冰雪雕塑空间的大小。增强建筑性墙体的厚度、选用导热性能较差的材料，确保门窗与墙体的密封性，以及使用如苯板、聚氨酯等隔热泡沫材料，均是防止热量散失和穿透的有效手段。此外，太阳能和风能发电制冷技术也在逐渐应用和推广，以实现更为环保和高效的制冷效果。

室内冰雪雕塑

室内冰雪雕塑所需的冰材料，多数来源于附近的制冰厂，其标准尺寸大致为1200毫米×500毫米×250毫米。同时，根据特定需求，我们还提供定制化的冰形体以及异形冰服务。相较于室外，室内冰雪雕塑在规模上通常更为小巧，以适应有限的空间条件。

在材料选择方面，室内冰雪雕塑不仅采用原色冰，还引入了彩色冰，以丰富其色彩层次。为了提升艺术效果与情境展现，许多室内冰雕作品倾向于使用彩色冰，并通过不同冰块的组合来模拟各种冰雪场景。

此外，为了营造逼真的冰雪环境，室内冰雪雕塑的灯光配置同样经过精心设计。我们结合使用内置灯和外射灯，使得灯光与冰雪雕塑完美融合，营造出冰天雪地的氛围、气象和生态。同时，我们还广泛采用仿真冰雪材料以强化幻光效果，为观众带来更加震撼的视觉体验。

3 冰雪雕塑的呈现效果

我们所目睹的冰雪雕塑皆为现实世界中的冰雪杰作，它们以物理空间为载体，展现着冰雪艺术的魅力。如今，冰雪雕塑已经成功地引入虚拟世界之中。借助先进的电脑合成技术实现了声光电的虚拟化处理，使冰雪雕塑在虚拟空间中的传播效果十分显著。2023年，网络上广泛传播的"冰马俑""马踏飞燕"等独特的造型与动作均是以虚拟形式展现的冰雪雕塑，充分展现了冰雪艺术在虚拟空间中的无限可能。

激光投影

冰雪雕塑激光投影是一种将现代科技与冰雪艺术融为一体的创新展示形式，通过巧妙地将激光投影技术应用于冰雪雕塑之上，极大地丰富了冰雪雕塑的视觉效果，使得整个艺术展示呈现出更为生动、立体且梦幻的特质。

激光投影作为一种现代投影技术，其核心在于利用激光束在特定介质上投射出图像或光影效果，独特的光线效果以及动态变化能力使得投影内容呈现出强烈的视觉冲击力和深厚的艺术感。

在激光投影技术与冰雪雕塑的巧妙结合中，经过精心策划的投影内容，使得光影与冰雪雕塑的形态、线条及纹理实现了完美交融。这些投影内容既可以是栩栩如生的动态画面，也可以是流光溢彩的精美图案，抑或与冰雪雕塑主题紧密相连的生动故事场景。在光影的变幻之中，冰雪雕塑仿佛焕发出勃勃生机，展现出更为灵动且充满表现力的艺术魅力。

此外，激光投影技术还能够通过精心编程与精确控制，实现与观众的深度互动。观众可借助触摸、移动等多种方式，实时影响投影内容的动态变化，从而与冰雪雕塑形成更为紧密的互动体验，不仅提升了观众的参与感和沉浸感，也极大地丰富了冰雪雕塑的艺术表现形式。

在盛大的第25届哈尔滨冰雪大世界活动中，龙腾之韵光影秀便巧妙地运用了3D Mapping技术。3D Mapping技术，亦名投影映射技术，是一种依托计算机图形学与光学原理的高端技术，可将虚拟的3D图像精准投射至现实世界的物体表面上，所营造的动态且逼真的视觉效果使观众仿佛置身于一个充满奇幻色彩的世界之中。在龙腾之韵光影秀项目中，特别选用中国龙的雪雕造型作为投影载体，通过细致的投影映射手法，使龙身展现出绚丽多姿的光影变幻，从而营造出栩栩如生、震撼人心的龙腾盛景。通过虚实结合的艺术手法，以创新多元的全新视角，生动展现了数字中国龙景观的壮丽，充分彰显了龙腾之韵与冰雪光影文化的独特魅力。此外，在主题公园的建设中，3D Mapping技术同样发挥着举足轻重的作用，它能够创造出诸多神奇而梦幻的景观与场景。

电玩时空与冰雪雕塑

电玩时空与冰雪雕塑的完美结合，展现了兼具创意与艺术性的跨界奇迹，既将电玩时空所独有的虚拟世界与冰雪雕塑的实体之美巧妙融合，又借助现代科技之翼，为观众打造了一场前所未有的、深度沉浸的艺术感知之旅。

电玩时空，作为一处汇聚奇幻元素与创意灵感的虚拟之地，以丰富多彩的故事情节与独具匠心的游戏设计，吸引着无数玩家沉浸其中，令人跨越现实的界限进入一个充满想象与冒险的异次元世界，体验不同角色的精彩

电玩时空与冰雕结合概念图

人生与刺激冒险。

冰雪雕塑，作为传统艺术领域的一颗璀璨明珠，以其精湛的雕刻技艺与独特的材质美感，展现了自然界的鬼斧神工与艺术家的深邃思考。每一座冰雪雕塑都如同一部凝固的自然史诗，传递着大自然的壮美与艺术的魅力。

电玩时空与冰雪雕塑的完美结合可通过如下途径达成：

首先，将电子游戏中的经典场景、角色和元素创造性地转化为冰雪雕塑，赋予其新的艺术生命。艺术家们依循电子游戏的设定与风格，精心创作出与之相辅相成的冰雪雕塑作品。这些作品不仅精准还原游戏中的场景布局、角色形态及特殊元素，更借助冰雪的质感和光影效果，为观众带来前所未有的视觉震撼。

其次，运用现代科技手段，实现电玩时空与冰雪雕塑的无缝对接。例如，在冰雪雕塑的展示中融入虚拟现实（VR）或增强现实（AR）技术，使观众能够穿越时空，身临其境地体验电子游戏的虚拟世界，与冰雪雕塑产生深度互动。观众通过佩戴VR设备或使用智能设备，可轻松与冰雪雕塑合影、探索游戏场景，甚至参与虚拟任务，尽享沉浸式的艺术体验。

此外，还可将电玩时空中的音乐、音效等元素与冰雪雕塑巧妙结合，通过音乐、灯光与冰雪雕塑的相互映衬，营造出独特的氛围和情感共鸣。

总而言之，电玩时空与冰雪雕塑的融合是一次颇具创新性与可能性的艺术尝试。通过二者的融合，不仅为观众呈现出别开生面的艺术观感，更进一步推动了传统艺术与现代科技的交融发展，为艺术领域注入了新的生机与创意源泉。

冰雪互动装置游戏

冰雪互动装置游戏是一种集冰雪元素与现代科技于一体的创新游戏形式，旨在为参与者提供别具一格的互动体验，巧妙地运用冰雪雕塑、光影技术以及传感器等先进装置，精心构建出一个既富有趣味又充满挑战的冰雪世界。参与者不仅能亲身感受冰雪的迷人魅力，还能在互动过程中有效锻炼自身的思维能力和身体协调性。冰雪互动装置游戏旨在借助创新的设备设计和独特的互动方式，为玩家带来前所未有的乐趣和刺激体验。

在冰雪互动装置游戏中，通常会运用一系列精心设计的装置和设备，如雪地摩托、雪地坦克、冰上自行车等，让玩家在冰雪场地上进行竞速比赛或其他形式的竞技活动。这些设备不仅具有高度的竞技性，同时也注重安全性和稳定性，确保玩家在享受游戏乐趣的同时，能够保障自身的安全。

在冰雪互动装置游戏中，除硬件设备外，互动技术的运用亦至关重要。游戏通过集成先进的传感器、控制系统及交互界面，确保玩家与设备之间能够实时互动与反馈。玩家借助操作设备、触摸屏幕等多种交互手段，

哈尔滨枫叶小镇冰雪园互动场景图

得以与游戏环境产生深度互动，从而沉浸于更为真实且生动的游戏体验之中。

以哈尔滨冰雪大世界的 LOGO 展示图案为例，其运用了先进的振动波传感器技术，实现了冰面与游客之间的精妙交互。当游客经过感应冰面时，传感器能够灵敏地检测到由此产生的振动波信号。一旦振动波的强度和频率达到预设的阈值，传感器便会迅速触发 LOGO 色彩的变化，使之同步呈现出炫彩变幻效果，为游客带来极富趣味性的互动体验。振动波传感器技术，作为一种前沿的交互技术，通过在物体表面布置传感器，能够有效捕捉人们动作、行走乃至呼吸等产生的微弱振动波信号。这些信号经过精确的处理和分析后，转化为控制信号，从而驱动各种交互效果的实现。

冰雪互动装置游戏不仅具有娱乐性，还具有一定的教育意义。通过参与游戏，玩家可以锻炼反应能力、协调能力和团队合作精神，同时也可以增强对冰雪运动的兴趣和热爱。

互动体验概念图

总体而言，冰雪互动装置游戏作为一种极具创意与趣味性的游戏形式，巧妙地将冰雪元素与现代互动技术相融合，为玩家呈现了一种别开生面的游戏体验。随着科技的持续进步与创新，我们有理由相信，未来必将涌现出更多精彩绝伦的冰雪互动装置游戏。

VR、AI 虚拟时空介入畅想

当虚拟现实（VR）与人工智能（AI）的虚拟时空技术被引入冰雪雕塑领域中时，不仅有望显著提升冰雪雕塑的观赏价值与互动体验，更有可能为冰雪雕塑艺术带来革命性的创新与发展。

首先，VR 技术能够为冰雪雕塑打造出一个逼真的虚拟展示环境。通过佩戴 VR 设备，观众得以更深地融入这个由冰雪雕塑构筑的虚拟世界，可以近距离地领略雕塑的每一处精妙细节，甚至可以从不同的视角和距离进行全方位的观察，从而获得更为丰富多元的视觉感受。

此外，VR 技术还具备融入互动元素的能力。例如，它可以实现观众与冰雪雕塑之间的互动，或是在虚拟空间中策划一系列与冰雪雕塑紧密相关的趣味游戏或活动，从而进一步丰富观赏的趣味性，提升观众的参与度和沉浸感。

在冰雪雕塑的创作与展示领域，AI 技术的应用为艺术家们带来了前所未有的可能性。通过深度学习和分析大量的冰雪雕塑作品，AI 能够精准地把握其风格特征、形式构造以及深层内涵，从而为艺术家的创作提供有力支持。具体而言，AI 可以协助艺术家生成初步的设计草图，或是在雕塑的形状、比例以及材质选择等方面提供专业建议，不仅显著提升了创作过程的效率，更有可能激发出更多富有创意、新颖独特的冰雪雕塑作品。

AI 能够深入分析观众的观赏行为和喜好，为冰雪雕塑的展示及推广提供强有力的数据支撑。具体而言，通过仔细分析观众在虚拟空间中的浏览轨迹和停留时长，AI 可以精准地识别出哪些最受观众青睐，以及哪些可能需要进行改进。这些详尽的数据将为艺术家提供宝贵的反馈，以便更加精准地调整和优化作品，提升艺术价值和观众吸引力。

数字新媒体作为近年来快速发展的新兴领域，融合了数字技术与传统媒体的精髓，通过互联网、移动设备等平台，以更加丰富多彩的形式向观众传递着各种信息。

在雪映流光投影秀的精彩呈现中，数字新媒体技术发挥了不可或缺的作用。通过巧妙运用光影效果，数字新媒体

VR/AI 与冰雪雕艺术结合概念图

元宇宙与冰雪雕结合概念图

技术成功地为观众营造出一个令人陶醉的光影世界。

此外,数字新媒体技术还具备实时信息传递与互动的能力。观众可以根据自己的喜好和选择,与投影秀进行实时互动,创造出属于自己的个性化观赏体验。这种互动性不仅提升了观众的参与感,也使得投影秀更加生动、有趣。

综上所述,数字新媒体技术的运用为雪映流光投影秀增添了独特的魅力,使得观众在欣赏美景的同时,也能深刻感受到数字新媒体所带来的创新与便利。

VR与AI虚拟时空技术的融合将为冰雪雕塑艺术领域带来一场颠覆性的革新,期待未来能够有更多此类跨界合作,为艺术领域注入源源不断的活力与创意,共同开创更加辉煌的艺术新篇章。

元宇宙

元宇宙与冰雪雕塑的完美结合深刻展现了虚拟与现实的融合之美,引领我们走进一个充满想象与创造力的艺术世界。元宇宙,作为超越现实世界的虚拟空间,具备卓越的互动性和沉浸式体验,为用户提供了全新的感知方式。

在元宇宙的广袤空间中,冰雪雕塑得以展现其独特魅力,以全新的形态与观众相遇。借助虚拟现实技术的强大能力成功构建了一个生动逼真的冰雪世界,让冰雪雕塑在其中熠熠生辉,彰显出无尽的艺术韵味。

在元宇宙中,这些冰雪雕塑不再局限于传统的观赏方式。观众可以自由地旋转、缩放这些雕塑,从各个角度深入欣赏其精致的细节和独特的美感。这种自由的观赏体验,使得冰雪雕塑在元宇宙中焕发出更加迷人的光彩。

此外,元宇宙的互动性也为观众提供了与冰雪雕塑更深入的互动机会。观众可以通过手势或语音控制,轻松地改变雕塑的形态或颜色,甚至可以亲身参与雕塑创作过程,增强了观众的参与感,使得冰雪雕塑在元宇宙

中拥有了更广阔的创作空间。

　　元宇宙的开放特质为冰雪雕塑的创作与宣传搭建了一座崭新的桥梁。艺术家们得以在元宇宙的虚拟空间中展示其匠心独运的作品，与来自世界各地的同行深入交流创作理念与心得，同时吸引更多观众的目光，增强公众对冰雪雕塑艺术的认知与喜爱。

　　此外，元宇宙的经济机制也为冰雪雕塑的商业转化提供了可能性。艺术家们可通过在元宇宙中销售虚拟雕塑作品或提供个性化的增值服务，实现艺术价值的商业化，获取合理的经济回报。

　　元宇宙的实时互动与全球连通性更使得冰雪雕塑的展示不再受限于地域与时间。无论是身处炎热的夏季还是寒冷的冬季，无论身处东方还是西方，人们都能通过元宇宙这一平台，随时随地欣赏到冰雪雕塑。

　　元宇宙与冰雪雕塑的结合亦伴随着一系列挑战与限制。第一，如何确保虚拟冰雪雕塑在材质质感和光影效果上能够精准地还原现实世界的冰雪之美至关重要。第二，需要在虚拟世界与现实世界之间找到恰当的平衡点，使用户在享受元宇宙带来的新奇体验时，仍能珍视并感悟现实世界的真实与美好。第三，元宇宙平台的稳定性和安全性问题也不容忽视，必须确保用户在使用过程中的信息安全和财产安全。

　　尽管如此，元宇宙与冰雪雕塑的结合仍然展现出了巨大的潜力。元宇宙的技术和平台为冰雪雕塑艺术注入了新活力，让更多人有机会欣赏到这一传统而美丽的艺术形式。同时，也需要积极应对挑战、克服限制，推动元宇宙与冰雪雕塑走向更加成熟和完善的融合发展之路，为艺术界带来更多的惊喜与突破。

第六章 冰雪之游

在冬日的光辉下,黑龙江省宛如镶嵌在东北大地上的一颗璀璨宝石,其辉煌的冰雪景观与深厚的文化底蕴交织成一幅无与伦比的画卷。随着季节的轮回,我们再次迎来了一年中最美的时刻,准备迎接来自全国各地对此地心生向往的旅者。此刻的哈尔滨,正用她那独一无二的冰雪魅力,召唤着每一位热爱冬日奇景的游客。

从中央大街的石头路,到冰雪大世界的梦幻冰雕,每一处都是浓厚的历史与现代的完美融合。太阳岛的自然野趣与兆麟公园的冰灯景观,为城市增添了一抹色彩与宁静。中华巴洛克文化街区的古老建筑低语着往昔的故事。亚布力的雪道上,滑雪者们尽情享受速度与激情。伏尔加庄园则以其浓郁的俄罗斯风情,让游客仿佛穿越至异国他乡。而远在天边的漠河,以其神秘美丽的极光,为这场冰雪之旅画上圆满的句点。

每年的冬季,不妨让龙江的冰雪世界成为你的目的地,让这城市的冷艳与热情,带给你难忘的冬季体验。在这里,每一个瞬间都值得珍藏,每一次呼吸都充满了故事。欢迎你,和我们一起,走进这个梦幻的冰雪王国,开启一段冰雪之旅,感受龙江的无尽魅力。

1 冰雪奇缘：
哈尔滨中央大街的冬日童话

> 在冬季的哈尔滨，一条古老的街道被季节的魔杖唤醒，化作一个梦幻般的冰雪王国。这里便是中央大街，一条蕴含着百年历史的商业步行街，它不仅以独特的俄罗斯建筑风格闻名，更因冬季的冰雪艺术而吸引着世界各地的游客。

冬天的中央大街

作者 李刚

雪国冰封的季节
你却流动着时光
像是梦幻中的潮水
在中央大街流淌
有时是面包石上的脚步
踏着莫斯科郊外的晚上
有时是雪花的舞姿
把灯光折叠在近旁
那里有一间酒吧
和一位笑意盈盈的姑娘
啊……
一定是你的温柔
温暖了这个冬天
一定是你的美丽
留住了我的目光
北方寂静的时候
你却熙熙攘攘
像是移动的彩笔
绘出历史的画廊
这里是百年建筑
留下的艺术博物馆
这里有悠扬的琴音
浓缩的音乐殿堂
旁边是面包坊
有喷香的大列巴和红肠

啊……
一定是你的浪漫高雅
撩动了我的心扉
一定是你的天下美味
攫住了我的胃肠
哈尔滨冰封的时候
你却满目琳琅
多少个日日夜夜
我一直把你盼望
喜欢俄罗斯的商品
漂亮的套娃和甜甜的果糖
喜欢波罗的海的物产
和乌克兰的姑娘
还有马迭尔的冰棍
越冷越爽
啊……
莫不是你的豪情万丈
留住了我的脚步
莫不是你的风情万种
令我无限神往
在这冰封的季节
我来到中央大街
寻找最美好的记忆
和最浪漫的时光

地点介绍

中央大街，这条全长 1450 米的街道，仿佛是一条时空隧道，将游客带回了 20 世纪初的哈尔滨。街道两旁，一座座历史建筑静静伫立，它们见证了这座城市的变迁。

冬季特色

随着雪花的飘落，中央大街披上了白色的外衣，变得柔软而宁静。在这个季节，最令人惊叹的莫过于那些精致的冰雕和雪雕。艺术家们用他们巧夺天工的技艺，将透明的冰块和洁白的雪塑造成各种生动的形象，从壮丽的建筑到活泼的动物，每一件作品都是对冬天的美好致敬。

哈尔滨的中央大街在冬季变成了一幅动人心魄的画卷，这里不仅有历史的沉淀，更有冰雪带来的纯净与美丽。通过这篇简洁优美的文字，我们希望您能够感受到中央大街在冬天的独特魅力，并带着这份指南，亲身去体验这个冬日童话。

2 冰的世界，雪的梦想：探秘冰雪大世界

在哈尔滨的冬夜，当寒风吹过冰封的松花江，一座由冰雪筑成的梦幻王国便在夜色中闪耀——这便是哈尔滨冰雪大世界。作为世界最大的冰雪主题乐园，它不仅展示了冰雪艺术的极致，更是融合了文化、演艺、建筑与娱乐活动，缔造了一个多维度的冰雪体验空间。这是文化与艺术在寒冷中的热烈碰撞，是一次对极寒挑战的美学征服。

冰雪大世界

作者 李刚

落日
敲响了
世纪的晚钟
冰灯
迎接着
千禧年的黎明
银色
塑造了
一个新的世界
有谁知道
一场跨世纪的梦想
在这里启程
高山大川
明月清风
揽入你的怀抱
天下奇迹
人类文明
尽收你的囊中
你充满幻想的翅膀
每一次扇动
就是改天换地的工程
世界的舞台
上演恢宏
这是冰雪的世界
琼瑶如林
这是水晶的宫阙

玲珑仙境
这是艺术的大观园
巧夺天工
这是天上人间
绚烂如虹
美是夜色的光影
虚幻和朦胧
雪国的童话里
你是最美的风景
美是冰雪的世界
短暂生命迸发的激情
有时繁华如锦
有时玉洁冰清
美是幻觉吗？
虚拟的现实总令人神往
有时，虚幻才是人生
冰雪的世界是色
也是空
桃花源里多的是梦
哪怕只有一瞬
在冰城，你
一冬一个世界
一岁一次枯荣
在世界，你
一岁一场盛宴
一世一座冰城

地点介绍

冰雪大世界背靠美丽而冰冷的松花江畔，每年冬季，这里便化身为一个覆盖面积巨大的冰雪展区。从高耸的冰塔到绵延的雪墙，每一块冰、每一片雪都被赋予了艺术的生命。来自世界各地的艺术家会集于此，使用从松花江上切割而来的透明冰块和洁白如银的积雪，共同构建起这片梦幻的冰雪王国。园区内既有体现中国古典美的冰雕艺术品，也有仿若古老欧洲城堡的冰雕建筑，映衬出东西文化的完美交融。

冬季特色

冰雪大世界的独特之处在于它的巨大规模和丰富的展示内容。这里有高大壮观的冰雕建筑，它们在灯光的映照下如同水晶宫殿；有细腻精致的冰灯，它们闪烁着温暖的光芒，犹如星辰落入人间。

冰雪大世界不仅仅是冰雪的展示，更是一个充满活力的文化空间。冰雪滑梯、冰雪迷宫等娱乐设施为游客提供了游玩乐趣，冰雕比赛和雪地音乐节等活动则将艺术与文化的氛围推向了高潮。这里特有的冰雪灯光秀将夜晚的冰雪世界变成了五彩斑斓的梦境，光影与冰雪的结合让人仿佛置身于一个不断变幻的魔法之地。而冰雪特色美食，如热气腾腾的东北乱炖、冰糖葫芦以及各种烤鱼，让游客在享受视觉盛宴的同时，也能品尝到温暖人心的地道美食。

冰雪大世界不仅是冰雪艺术的展示平台，更是冰雪文化的集中体现。在这里，你可以体验到从视觉到听觉、从静态到动态的全方位冰雪盛宴。随着夜幕的降临，这个冰雪王国变得更加神秘莫测，邀请每一位游客踏入这个冬日的梦境，留下难忘的冒险记忆。

3 雪域花园：寻找太阳岛的冬日魅力

> 在冬季的哈尔滨，太阳岛变身为一个雪域中的花园，成为展示冰雪雕塑艺术的绝佳舞台。这个地方不仅历史悠久，而且以其独特的自然景观和丰富的文化活动吸引着来自世界各地的游客。

太阳岛，冬日的情歌
作者 李刚

我是北方的冬天
幻化的精灵
风
送我来岛上
生命
便在这里启程
雪中太阳岛
是一曲冬季恋歌
爱
在这里播种
我在岛上静静地等你
或许冰封的桥边
着洁白的纱裙
眺望远方
盼着你的身影
我在岛上静静地等你
或许密密的树林
挂了一层霜华
迟来的阳光
映着我的晶莹
我在岛上静静地等你
或许俄罗斯的苑囿

别墅和葡萄架下
重拾的记忆
弥漫的风情
我在岛上静静地等你
或许圣洁的雪影里
青铜的钢琴
有我默默的祈祷
轻轻的低吟
我在岛上静静地等你
等到园中洁白如毡
林间鸟鸣
等到霜露满天
袒露赤诚
你来重塑我的青春
艺术的生命
我将与你相拥
在这瑶林仙境
化作
一只只鸟雀
在枝头跳跃
化作
一曲曲情歌

唱给冰雪世界听
化作
一座座雕塑
以雪的圣洁
作证——
我是你的精灵
你是我的灵魂
我在岛上静静地等你
从冰封到
迎春花儿开
从黎明到黄昏，再到
又一个黎明

地点介绍

太阳岛位于松花江中，是哈尔滨市的一处大型自然公园。冬季时，整个岛屿被厚厚的白雪覆盖，形成一片银白的世界。岛上不仅有原始的松林景观，还有多处精致的园林和小型建筑，每当冬季来临，这些自然与人造的景观都被雪和冰所装饰，显得格外迷人。

冬季特色

太阳岛的最大亮点莫过于其冬季的冰雪雕塑艺术。每年冬天，这里都会举办国际冰雪雕塑节，展出来自世界各地的艺术家创作的精美冰雪雕塑。巨大的雪雕和冰雕作品琳琅满目、形式多样，从传统中国文化的龙和凤凰，到现代艺术的抽象造型，每一件作品都展示了冰雪艺术的无限可能。

太阳岛在冬季变成了一个真正的冰雪乐园，无论是冰雪雕塑的艺术展示还是丰富的冰雪活动，都给游客留下了深刻的印象。太阳岛不仅仅是一个观光地，更是一个体验东北冰雪文化和艺术的平台。

4 光影冰雪：兆麟公园的冬日奇景

在哈尔滨的心脏地带，有一个在冬季展现出截然不同魅力的地方——兆麟公园。这个占地广阔的公园不仅是夏季的绿洲，到了冬天，它更变身为一个展示冰雪艺术和举办传统冬节的理想场所，吸引着众多游客和市民前来体验其独有的冬季魅力。

雪花

作者 李刚

无拘无束
特立独行
你盛开的季节
正值百花凋零
一如素绢
一如繁星
纯洁的只剩晶莹
拥有坚实的大地
却开在高远的天空
你开在汉时大漠
伴着文姬的节拍
昭君的胡舞
苏武的悲声
你开在唐诗宋词
回荡李白笑傲的"天山"

柳翁独钓的《江雪》
岑参豪迈的吟颂
你开在琼楼玉宇
舒展飘渺的思绪
梦幻般的世界
天地间的豪情
尽管没有芬芳
没有簇拥
依然挥洒天下
随愿而生
有谁懂你
不与千红争色
不与馨香争宠
只需高贵的舞姿
驾着徐徐的清风

地点介绍

兆麟公园位于哈尔滨市中心，历史悠久。这里不仅靠近城市的主要街道，还毗邻多个著名的旅游景点，成为连接哈尔滨多个冬季活动热点的重要枢纽。

冬季特色

每到冬季，兆麟公园便被装饰成一个集灯光秀、冰雕艺术和传统冬节于一体的热闹场所。公园内到处可见精美的冰雪雕塑，其题材广泛，从反映民俗文化到现代艺术风格的设计，每一件作品都是对冰雪美学的深度探索。更独特的是，兆麟公园还经常举办冰灯展览，艺术家们利用色彩斑斓的灯光与透明的冰块结合，创造出奇幻而美丽的视觉效果。

哈尔滨的兆麟公园在冬季展现了其独特的魅力，将冰雪艺术与传统文化完美融合。这不仅仅是观赏冰雪艺术的好地方，更是体验和学习东北传统冬季活动的绝佳场所。无论是家庭旅游还是艺术爱好者，兆麟公园都能提供一次难忘的冬季体验。

5 冰雪中的时空之旅：
中华巴洛克文化街区冬景赏析

在哈尔滨的繁华市中心，有一个区域以其独具匠心的建筑风格和深厚的文化底蕴引人注目——中华巴洛克文化街区。这个冬天，让我们一同踏上时光列车，探索这片历史韵味与现代创意交织的奇妙地带。

雪问

作者 李刚

谁为你设计的六出奇花
谁把你塑造得白璧无瑕
谁让你从琼楼瑶飞玉落
谁又让你似花非花
世间的花儿都有花期
为何你的花期最长
世间的花儿都选择温暖
为何你选择了苦寒
世间的花开争奇斗艳
为何你要朴素无华
你以花儿的形态出现
为何有玉的品格
……
如果人生如雪
该是怎样的一个世界

摄影 / 冰城馨子

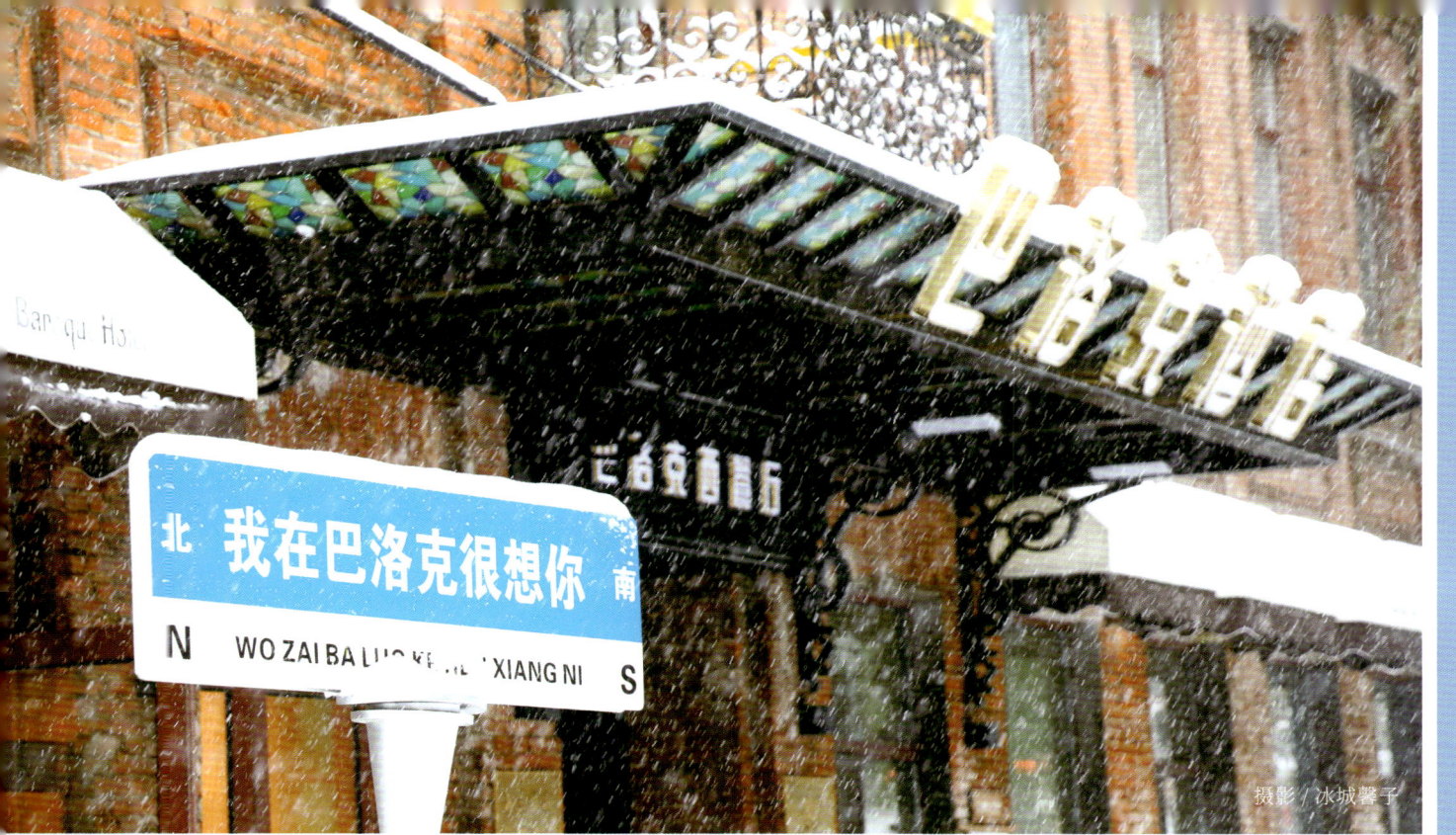

巴洛克酒店
北 我在巴洛克很想你 南
摄影 / 冰城馨子

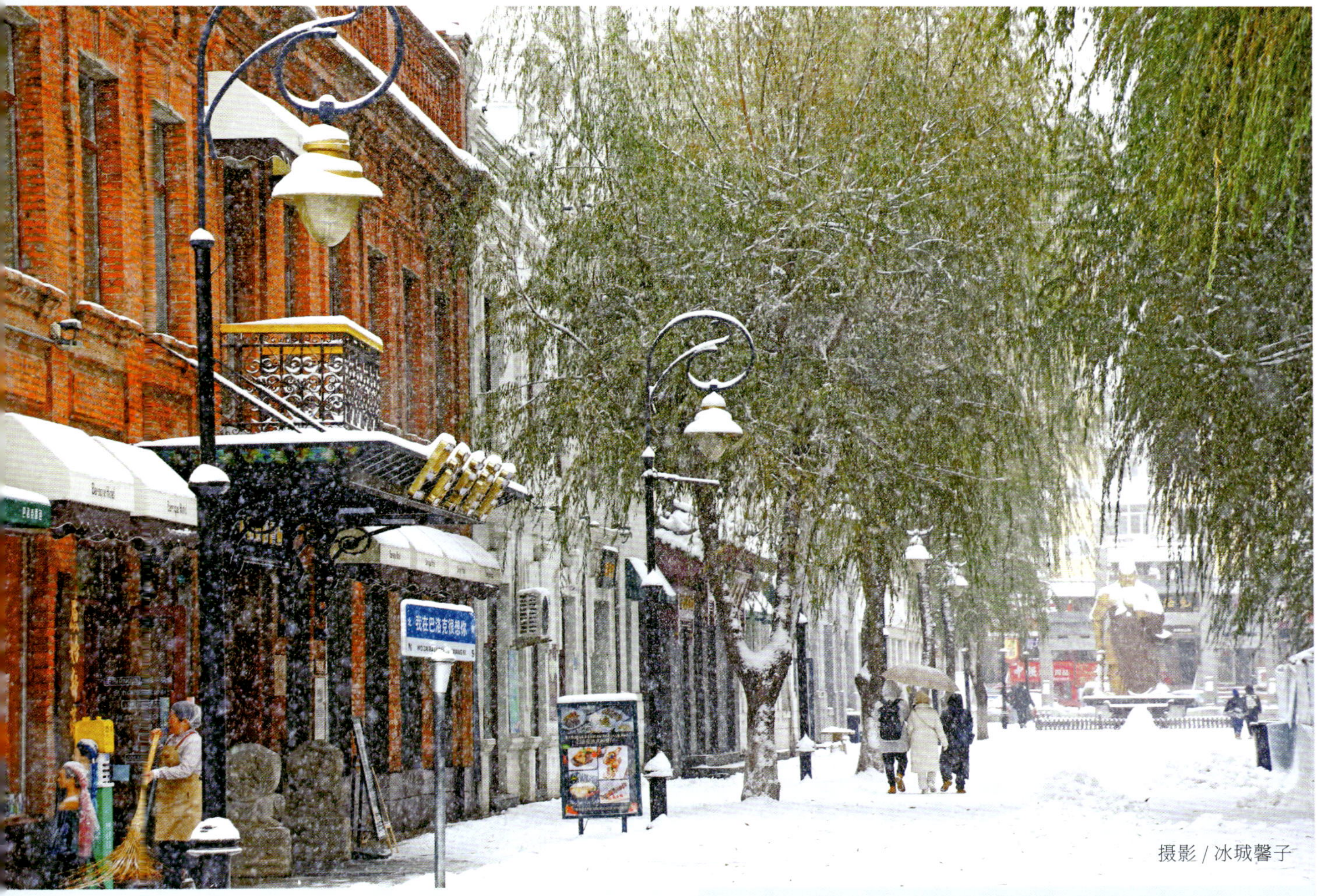
摄影 / 冰城馨子

地点介绍

中华巴洛克文化街区位于哈尔滨市中心，是城市历史与文化的缩影。这里的建筑大多建于19世纪末至20世纪初，将西方的巴洛克风格与东方的传统元素巧妙融合，形成了独一无二的“中华巴洛克”建筑风格。走在这条街上，仿佛穿越回了百年之前的哈尔滨，那种时空交错的感觉令人着迷。

冬季特色

每到冬季，中华巴洛克文化街区被一层洁白的雪覆盖，古老建筑在雪的装饰下更显得庄重而神秘。街区内会举办各种冬季活动，包括冰雕展览、临时的艺术装置和文化交流活动，为这个历史悠久的街区增添了一抹现代艺术气息。此外，许多建筑会被灯光点缀，形成一幅幅动人的画面，让夜晚的街区变得格外迷人。

中华巴洛克文化街区在冬季不仅仅是一片雪的海洋，更是一个展示哈尔滨深厚历史文化底蕴的窗口。无论是对建筑感兴趣的旅者还是寻求深入文化体验的游客，中华巴洛克文化街区都能提供一次难忘的冬季体验之旅。

6 冬日童话：
伏尔加庄园的俄罗斯幻境

在哈尔滨市郊区，隐藏着一个充满俄罗斯风情的旅游胜地——伏尔加庄园。这个冬天，伏尔加庄园化身为一个璀璨的冰雪世界，邀请游客们步入真正的冬日童话。

摄影 / 冰城馨子

银色城堡

作者 李刚

旧日的城堡
是谁的精神守护
今天，可能
是一道风景
冰雪覆盖的庄园
改编了都市的闹剧
银色的世界里
我在听伏尔加船夫
低沉的奏鸣
三套车驶过的冰河
延伸着百年前的画卷
百年后的梦境
几座城堡由银练缠绕
连接了俄罗斯
古老的运动
察里津诺堡的雪道
阿穆尔堡的雪松
彼得洛夫宫的恢宏
我乘着魔毯

回到十八世纪
欣赏一处雪中宫殿
贵族王庭
谁说冰雪只是运动
分明是历史的记录
文化的传承
哈尔滨的郊外
冰雪中
一座庄园的胸襟
两个时代的情怀
半个世纪的追寻
银色城堡
在银色的梦里
所有的等待
是童话世界里的
晚钟

摄影 / 冰城馨子

地点介绍

伏尔加庄园是一处以俄罗斯文化为主题的旅游胜地，被誉为"黑龙江旅游绝对不能错过的地方"。庄园内拥有近三十座俄罗斯风格建筑，这些建筑几乎以一比一的比例还原了最初的建筑风貌，使游客仿佛置身于遥远的俄罗斯。庄园不仅复制了典型的俄罗斯建筑风格，还精心布置了传统的俄罗斯花园和雕塑，充满了浓郁的俄式风情。

冬季特色

冬季时，伏尔加庄园变身为一个璀璨的冰雪世界。庄园内展出各种精致的冰雪雕塑，从复杂的图案到生动的动物形态，每一件作品都是艺术家们对冰雪美学的深刻表达。庄园中央的巨大冰雕城堡最为引人注目，它高耸入云、气势恢宏，让人惊叹不已。

此外，庄园连接着一片开阔的湖面，湖面上的冰层厚实而坚固，适合举行冰上芭蕾、滑冰和冰上帆船等多样的冰上活动。

在哈尔滨的伏尔加庄园，游客不仅可以享受到视觉上的震撼，还能深入体验到俄罗斯的文化。无论是其独特的建筑风格，还是丰富多彩的冰雪活动，都使得伏尔加庄园成为冬季不可错过的旅游胜地。

摄影 / 冰城馨子

摄影 / 冰城馨子

7 滑雪者的天堂：探索亚布力的冬季魅力

位于中国东北黑龙江省的亚布力，是一个在冬季尤为引人注目的地方。当大雪覆盖这片土地，亚布力就变身为一个真正的滑雪天堂，吸引着来自世界各地的滑雪爱好者。这里不仅拥有世界级的滑雪设施，还有美丽的雪景和丰富的冰雪活动，让每一位游客都能找到属于自己的乐趣。

雪山之巅
作者 李刚

从渤海国的史册里
认识了你
宁古塔的冰封中
又埋藏了你
《山海经》中只留下
"不咸"山的影子
当大荒之神封了山魂
开始你原始生命的
周期运转
多少个冰封雪藏的世纪
多少次山崩地裂的呐喊
才有了张广才岭
莽莽苍龙
绵绵群山
而你的名字——
亚布力
却是那群流放者

苦寒中的《松漠纪闻》
肃慎后裔们生存的符号
是北方民族的精神世界
生存的家园
我仿佛看到他们脚蹬"木马"
驰骋林海雪原的身影
看到这块亘古的蛮荒之地
披冰沐雪的山峦
今天
当雪山成为一道风景
苦寒成为稀缺资源
当玩雪成为一种文化
滑雪成为运动休闲
你，告别蛮荒的记忆
华丽转身
成为世界的滑雪胜地
中国滑雪界的典范
你的出现是传说
传说中有滑雪运动的起点
你的出现是记录
记录成为滑雪冠军的摇篮
多少雄鹰飞翔
在高山之巅

多少健将驰骋
在林海雪原
从滑雪场到度假区
亚布力的名字
自带耀眼的光环
从亚冬会到大冬会
亚布力承接了
一个时代的梦幻
你吸引了全球惊艳的目光
接纳了四海宾朋
那些勾魂摄魄的记录
成为冰雪世纪的名片
当然
你也有困惑和挫折
毕竟山路弯弯
你也有迷茫和失意
竞赛总会有超越追赶
欣喜你未忘初心
卧薪尝胆
看到你厉兵秣马
凤凰涅槃
期待与你的再次相拥
不是风花雪月

而是雪与火的锤炼
你的振翅高飞
不是雪山惊鸿
而是用有力的翅膀
托起一座中国的
滑雪圣殿
站在亚布力的山巅
俯瞰茫茫雪海
发出"齐鲁青未了"的慨叹
我愿从山巅飞驰而下
把脚下的雪道
变成雪上丝绸之路
连接东北亚和五大洲
连接日本海和阿尔卑斯山
共筑和谐的冰雪世界
快乐的家园
让我从此的精神生命里
永远是
张广才岭的云海
亚布力的雪山之巅

地点介绍

每年的冬季，亚布力白雪皑皑，这片被纯白雪景覆盖的地区成为冰雪运动爱好者的首选目的地。凭借其优良的雪质、长时间的滑雪季和专业的滑雪设施，亚布力吸引了无数滑雪爱好者前来挑战和享受速度与激情。

冬季特色

滑雪场：亚布力拥有国际级滑雪场，适合所有水平的滑雪者。从初学者到专业选手，都可以在这里找到合适的坡道。滑雪季通常从11月下旬持续到次年的3月。

雪地景观：除了滑雪，游客还可以欣赏到壮观的雪覆盖森林景观，参与雪地徒步、雪橇等活动。

冰雪节庆：亚布力还会举办各种滑雪节庆活动，增添了许多冬季的乐趣。

这里的冬季旅游不仅仅是关于运动的，也是关于文化和美食的体验。游客可以品尝到地道的东北菜肴，感受东北人的热情好客。总之，无论是一个寻求冒险的滑雪高手，还是只想在雪地中漫步的旅行者，亚布力都能提供给你难忘的冬季体验。这里不仅是滑雪者的天堂，更是想要亲近冬天、体验冰雪文化的旅客的绝佳选择。

8 极光之下：漠河冬季探秘

位于中国东北极边之地的漠河，是一片被神秘色彩笼罩的土地。每当冬季来临，这里便化身为一个银白色的梦境，白雪皑皑的景致和极夜的天空交织成一幅绚丽的画卷。在这个被冰雪主宰的世界里，时间仿佛凝固，一切都归于寂静与纯净。尽管温度骤降，冷得刺骨，但正是这种极致的环境，吸引了无数勇敢的探险者和摄影爱好者，他们穿越千山万水，只为一睹"中国北极"的独特风采。在这里，每一片细致的雪花都讲述着冬天的故事，每一次呼吸都充满了冒险的气息。

地点介绍

漠河位于黑龙江省的北部，靠近中国与俄罗斯的边境。由于其极北的地理位置，漠河经历了极其严酷的冬季，同时也享有"中国北极"之美誉。冬季长达近六个月，气温常常低于-30℃，是体验极端冰雪环境的绝佳地点。

冬季特色

极光观测：漠河是中国少数几个可以观测到北极光的地方之一。在晴朗的夜晚，天空上演绚丽的光影秀，色彩缤纷，令人难忘。

冰雪景观：漠河的冬季雪量充足，形成了壮观的雪景，包括雾凇奇观。沿着江岸，大自然雕琢出精美的冰雕，树挂冰凌，美不胜收。

冰钓与雪地活动：参与当地的冰钓，体验在极寒中钓鱼的乐趣。此外，还可以尝试雪地摩托、滑雪等刺激的户外活动。

9 冰雪网红打卡地：欧亚之窗

  原为哈尔滨市政公园，现为哈尔滨学院欧亚校区。因近年学院冰雪传承教学与冰雪文化艺术实践活动搞得"有声有色"，成为哈尔滨市新晋冰雪景观"打卡地"。

  哈尔滨欧亚之窗公园于 1997 年建成开业。它是一个以欧式建筑风格为特色的主题公园，汇集了众多具有代表性的欧式建筑微缩景观。

  公园的建设旨在展示欧洲的建筑艺术和文化风情，让人们不出国门就能领略到欧洲的独特魅力。

  在公园内，可以看到不同风格的欧式建筑，如城堡、教堂、亭台楼阁等。这些建筑不仅造型精美，而且蕴含着丰富的历史和文化内涵。

第六章 冰雪之游

曾经，欧亚之窗公园是哈尔滨的一个重要旅游景点，吸引了大量游客前来观赏和游玩。随着城市的发展和变化，欧亚之窗公园的功能和定位也在不断调整和演变。

尽管如今它可能不再像以前那样广为人知，但它在哈尔滨的历史和文化中依然有着独特的地位和价值。

公园宛如一颗璀璨的明珠，镶嵌在这片广袤的土地上。走进公园，仿佛踏入了一个梦幻般的世界，绿树成荫，花草繁盛，与独具特色的建筑相映成趣。那典雅的欧式建筑，精致的雕刻与装饰，无不展现着异域的风情与魅力。漫步其间，感受着微风的轻抚，聆听着鸟儿的欢唱，让人沉醉其中。公园中的湖泊如镜面般平静，倒映着周围的美景，如诗如画。在这里，每一处景色都值得细细品味，每一个角落都散发着迷人的气息，让人不禁为其美丽而赞叹不已。

点缀在欧式建筑中的大片松林，在皑皑白雪上奔跑的松鼠尤为受游客喜爱，重点是不用买票——免费参观！

游玩指导

穿着保暖： 哈尔滨的冬天极为寒冷，务必穿着保暖的羽绒服、毛帽、手套和防滑靴，以抵御刺骨的寒风。建议多层穿衣，方便活动的同时保持体温。

欣赏冰雪雕塑和冰灯： 中央大街、冰雪大世界、太阳岛、兆麟公园等地的艺术作品，它们在灯光的映衬下更显晶莹剔透，不妨驻足欣赏这些冰雪中的艺术瑰宝。

品尝地道美食： 不要错过地道东北美食，如滋味十足的红肠、甜蜜的冰糖葫芦，以及独特的马迭尔冰棍，让美食也成为你旅行的一部分。

欣赏独特建筑： 漫步在中华巴洛克文化街区、中央大街、伏尔加庄园，仔细观察那些融合了中西建筑艺术风格的楼宇，感受那个时代的工匠精神。

探索购物乐趣： 这里的商店充满了异国情调，你可以找到俄罗斯套娃、精美的手工艺品和各种纪念品，作为旅行的难忘纪念。

参加节日庆典： 如果游玩期间恰逢冰雪节或雪地音乐节，不妨加入这场冬日的盛会。

体验冰雪娱乐： 尝试冰雪滑梯和冰雪迷宫，感受速度与激情，同时也可参与滑冰、雪地足球等体育活动。

体验传统冬季活动： 参与传统冬季活动，如冬泳、冰上陀螺等，感受地道的东北冬季风情。

研学体验： 冰雪大世界提供了丰富的研学体验项目，适合家庭和学生团体参与，通过实践学习冰雪文化和艺术。

探索俄罗斯文化： 参观伏尔加庄园内的俄罗斯风格建筑和内部展览，了解俄罗斯的艺术与文化。

摄影留念： 各大景观为摄影爱好者提供了绝佳的拍摄素材，无论是日出还是日落，白天还是黑夜，都是捕捉美景的好时机。

保护摄影设备： 低温对电池有较大影响，需携带备用电池，并尽量保持设备温暖。

选择合适的滑雪场： 根据自己的滑雪技能选择合适的滑雪场。亚布力有多个滑雪区域，包括一些为初学者设置的平缓滑道和为高手设计的挑战性坡道。

预订住宿和滑雪装备： 冬季是旺季，建议提前预订住宿和租赁滑雪装备，并详细规划行程。

注意安全： 户外活动时应注意个人安全，特别是在参与冰雪运动或行走在结冰的路面上时。参加任何雪上活动前，应确保了解基本安全规则。如果不熟悉滑雪，最好先上课学习基本技巧。

第七章 冰雪之赏

　　大型雕塑气势磅礴、震撼人心，而小巧玲珑的则更显精致可爱，给人以不同的视觉体验。同时，大型冰雪雕塑展览是冰雪艺术的盛会，众多优秀作品的汇聚，不仅展现了冰雪文化的繁荣与多样，更让人沉醉于每一个雕塑背后所蕴含的思想与情感。这些作品通过冰雪这一载体，传达着对美好生活的向往和追求。在欣赏的过程中，我们不仅要欣赏其外在的形态美，更要深入体会其内在的文化内涵，感受其中所蕴含的哲理和智慧。

　　欣赏冰雪雕塑也是一种文化的传承与交流，它超越了时空的界限，将古代的智慧与现代的创新巧妙地融为一体，为我们展现了一个精彩纷呈的艺术世界，与冰雪雕塑共同谱写一曲冬日的赞歌。

1 冰雕作品赏析

　　该冰雕作品，选题为冬捕丰收的场景，站在冰层上的两个头戴厚帽、身穿棉服的渔民形象是重点。冰雪雕塑作品中，人物的刻画较难，而作者聪明地采用"藏"的方法，将人物缩小，降低了制作难度而又运用尺度对比的手法，夸张地加大了冬捕用具网具、摇把及大鱼的形体体积，可以说达到"事半功倍"的效果，整个场面洋溢着丰收与祥和的欢乐气氛。

　　该冰雕作品，选题为海底探险，一名长发飘逸、身姿矫健、手拿渔叉的潜水者，在与两条口含利齿的鲨鱼进行着生死搏斗。潜水者与鲨鱼构成了作品中的几条造型主线。作品底部的宝箱微微开启，珍宝随海浪波动欲出，揭示了作品"机会与风险同在"的主题。

　　作品表现手法写实，刻画细致、生动的场景设计，水珠四射间调动着观众的情绪，像正在观看一部情节跌宕起伏的大片，无不被作品大胆的设计构思和精湛的雕刻工艺所折服。

该冰雕作品表现了"朝日敛红烟，垂竿向绿川。人疑天上坐，鱼似镜中悬"的意境。一池静水，坐在月牙上的少年，悠然自得间钓起一条条肥硕的鱼儿，一旁一只馋得张着大嘴的鸬鹚拼命地扇动着翅膀，池水中几株漂浮着的荷叶、带着露珠的荷花含苞欲放，描述了一幅唯美而生动的垂钓场面。

而作品中最绝的是，采用镜像凹刻的手法的人物倒影表现，为作品添加了魅力。水上水下、正像与倒影、静与动，作品的意境给观赏者一种似乎时间在这一刻已经停止了的感觉。

该冰雕作品突破了冰雕主题的限制，因为受材料所限，很多需要表现精巧题材的作品往往不能实现。而作者的智慧在于敢于挑战而又巧妙地搭建了重心的力点，人物斜向而出，既加大了冰坯的空间厚度，增加了层次，又成功地表现了欢乐的主题。看似轻松，实则作品的创作过程充满了作者艰辛努力的探索。整个作品生动传情，大胆的构思与精湛的雕刻技艺深深地吸引着观众。

该冰雕作品充满着异域与神秘的情调。表现人与鱼的作品很多，冰雪作品中更是常见，其中多是丰收喜庆的题材，但这件作品却使观众过目不忘。其中，夸张的艺术形态及神秘主义的运用，大胆的想象都是这件作品的主要观点。

鱼的形态、人物的造型都已经神话，而且配合相得益彰。值得一说的是作品的透光配色，运用神秘的蓝紫色揭示了主题，人物像是刚从海底世界升腾而起的精灵。人物造型比例、神态准确、传神，很好地表现了作品的主题。

　　该冰雕作品，利用组合冰雕优势，搭建空间场景，表现了足球比赛中最精彩、最激动人心的一刻——破门。几名球员的刻画采用了半身与全身表现相结合的手法，简洁的造型、长线条的使用，运用球体运行轨迹表现形态，将发生在前后时间轴上的倒钩—扑救—破网—欢呼，表现在一瞬间。此刻，观者似乎听到了现场如巨浪掀起的声浪，感受着进球队员的狂喜和呐喊。可以说，这是近年来不可多得的一件组合冰雕艺术作品。

　　该冰雕作品，曲线优美，生机勃勃的树枝上栖息着两只凤鸟，它们在落日的余晖下怡然自得。

　　整件作品手法统一，将曲线的装饰美做到极致，作品清新雅致，充满了女性特有的柔美气息，同时彰显刀法干净娴熟，展现出一幅唯美而生机盎然的图像。枝头上的那片嫩叶，似乎正在旺盛地生长，是那样惹人爱怜。

　　纵观作品整体，作者雕刻成竹在胸、思路清晰，使观者体会到一种一气呵成的快感。

　　该冰雕作品，展现了一幅异域风情的画、一首悠扬的歌。一个身穿少数民族服饰的少女，头戴大大的具有图腾意味的冠帽，侧身而坐，弹奏着心中的恋歌。

　　作品突出之处在于人物的造型与配合的乐器，都进行了艺术的再创作，似是而非，组合与创造，很好地诠释了艺术来源于生活而又高于生活的内涵。人物的神态与两个手部动作统一连贯，人们仿佛真的听见那悠扬的乐曲在空中回荡。

第七章　冰雪之赏

　　该冰雕作品，运用抽象的表现手法，表现了女性的成熟如果实一样，散发着诱人的清香和魅力。集中于头部描绘，大胆地概括与组合造型，弯曲的秀发、迷离的眼神、性感的红唇，一切局部形态都与主题紧密相连。主题表现清晰，线型组合优美，体面方向明确、量感十足，艺术的创造感简练得犹如一件现代雕塑作品，散发着现代造型美。

该冰雕作品，"花中牡丹、鸟中凤凰"，一幅充满祥和富贵的中国传统艺术画卷。作者运用娴熟的技法和刀工，"化平凡为神奇"，大量运用冰雕刻技法，清晰的羽纹、层次分明的结构，技法写实而刻画精巧细致。中心塑造以蝙蝠衔福结的架体，更是中华传统吉祥寓意的代表，无疑是整件作品的点睛之笔，做工之精美令人叹为观止。

该冰雕作品，给人以"梦幻、寒冷"之感，犹如冬夜的一个奇妙的梦。长着翅膀的天使，不似往常的优雅动感常态，似乎很困倦，要在冬夜中小憩一会儿，给观众一种清新之感。

人物外形比例、形体准确，内心"冷"的形态刻画传神，构图采用了上实下虚、上重下轻手法，雕塑动感十足，几片雪花造型增加了层次感，并丰富了造型表现。

该冰雕作品是一件具有卡通风格的作品，初看很简单，一个憨态可掬的小狗熊池边低头喝水，惊飞水鸟，从头上掠过。细看则发现作品大有乾坤，作品的下半部采用浮雕与印刻结合的技法，表现了水下的世界：成群的鱼儿、随波游弋的水草，不但开阔了作品在观众心理的空间，还引领了冰雪雕塑"远看大势、近看内容"的做法。这个富有独特情趣的内容，不经意间带给观众惊喜。

该冰雕作品表现了生活中的一个轻松欢乐的主题，作者运用成熟专业的技法，准确地表现了人物动态、比例、结构、构图几乎完美，而整件作品最吸引人的是，采用斜线构图，重心安排非常巧妙。

作者经过精心的设置，使作品在强烈的动势中得到平衡，小女孩的双腿及小狗的全身都悬浮起来，让观众惊叹不已，时间似乎在这一刻已经停止。

该冰雕作品，表现了中华民族的一个欢庆击鼓的人物形态。作品突出之处，在于作者具有成熟塑造人物的技能，人物形态、比例接近完美，表现了高超的写实技艺，同时具有驾驭冰雕语言的能力，虽然人物一腿点地，但作者通过几条飘带的安置，巧妙地解决了重心的平衡问题，使得作品如敦煌壁画飞天的形态，充满了飘逸、动感的形态美、线条美。几朵盛开的牡丹点缀其间，强化了旋律感，更加有中华国风的魅力。

2 雪雕作品赏析

　　该雪雕作品名称"新娘",来自俄罗斯队的三位艺术家。作者以专业的技巧,用圆雕的形式表现,完美诠释了雪雕艺术语言的独特魅力。既有雕塑的块面语言,又具有民间大众雪雕艺术的趣味性。形态表现了一个姑娘新婚中的喜悦与期盼的心情,人物内心情感把握到位,手机自拍拉近了与观众的距离。

　　作品简洁明快,富有装饰韵味,运用了写实与夸张变形相结合的语言。作品整体既有雪雕的大气、体量感,又有服饰上的精彩细节表现,是近几年来哈尔滨国际冰雪雕塑赛事中难得的一件精品。

　　该雪雕作品来自国际大学生雪雕比赛，是典型的中国风作品。古典服饰的少女，端庄清丽，微笑而立，与环绕的凤凰相呼应，带给观众一种"道骨仙风"之感。人物是冰雪雕塑中很难表现的主题，而此作品人物造型生动，人物比例、体面刻画准确，神态自然，凤凰羽毛雕刻细致、刀工干净。可以看出作者的雕塑专业修养很高，是一件既有雕塑写实风格又具有雪雕语言的表现佳作。

该雪雕作品，题材选择上新颖大胆。作品表现了一个盘坐吃饭的人，吃饭本是生活中最平常的事，可作者却在平常的题材中表现出了不平常，为什么要用碗与不对称的刀组合？为什么吃饭要戴着面具头套？圈状的膨化食品本不是成年人的日常食品，用刀具大快朵颐，给了观众一点答案，作者想要表达一些什么：人类对现代食品的过度奢求，科学技术与我们生命天性的不和谐，还有那颗丢失的门齿，似乎都在告诉我们作者的观点。总之，这是一件具有黑色幽默式的新颖作品，令人深思、使人联想。

该雪雕作品塑造了一个长袍、长发的少女，在静寂的夜晚悄然而过，如梦如幻，似只有那手中悬吊着的铜钥匙偶尔留下的清脆响声，才证明她的存在。

这是一件很特别的作品，一件很有深意的作品。形体写实为主，加入神秘主义元素，气场强大，具有很强的视觉冲击力。既有雕塑体积与面的语言，又有镂空的雪雕工艺技法。少女侧身回头"嘘"的动态，惟妙惟肖，俏皮而神秘，增添了作品的表现魅力。

　　该雪雕作品，一只人类的手，抑或上帝之手，托起人类的文明，中国的长城、意大利的比萨斜塔、罗马的斗兽场、法国的埃菲尔古铁塔、埃及的金字塔、巴西的基督像，这些先后出现的象征着人类文明的标志物，盘旋于巨手之上，令观众仰视才可见，崇敬之感油然而生。

　　作品内容与形式完美结合，充分表现了作者缜密的构思过程，主题整体感强烈，在主体手简洁的体面处理下，又不失建筑细节的刻画，底部镂空的技巧处理，使人思维盘旋而上，越到顶部，神圣感越强，整体传递出丰富的视觉信息，使人浮想联翩。

  该雪雕作品，是一个美丽的少女头像，准确说是一个冰雪女神的雕像。作者利用娴熟的装饰技法及写实雕塑的功底，成功塑造了一件典型的雪雕艺术作品。明确的块面绘出少女秀美的面容，装饰性语言的使用，阴阳空间、凹凸、肌理语言的组织，明确的转折关系等，使作品在整体优美而简洁的风格中，透着艺术主观处理的智慧的光芒。雪花与飞扬的秀发结合，加强了作品的层次感，增添了雪雕艺术语言的表现力。少女的眼神、翘唇与底部的手指的动态，一气呵成，楚楚动人。一张唯美的装饰画，一曲冰雪女神的赞歌！

  该雪雕作品，是一件国际大学生雪雕比赛作品，表现了一辆蒸汽动力机车，汽笛声声、浓烟滚滚、动力十足，冲破一切阻碍向前疾驶。"一件雕塑作品，即使装饰得再精美，如果不能表现出力量的对抗，也是无生命力的，只有表现出强大的内力运动的作品才是好的作品。"此件雪雕作品张力十足，充满动能，机车细节刻画入微，枕木、铁轨、机车、阻拦的滕锁，一切都安排适宜。作者的创意明确、表现适当，是一件隐含了正能量的、催人前行的好作品。

　　该雪雕作品为胜利女神，长有巨大的翅膀，人头马身喻示着神圣与强大的力量，腾空而出的骏马载着高昂着头颅的女神冲破一切羁绊，飞向前方，大有一将功成万骨枯的气势，将身后的火焰、陷阱、骷髅等远远地抛开。

　　作品表现了人类喜爱和平、向往光明、远离邪恶的美好愿景。高度的写实技能，对形体的良好掌控，都是作品成功的关键，而整个构思也大气磅礴、充满动能，使观者有一种看大片的畅快淋漓的感受。

该雪雕作品，作者利用镂空的主要手法，凭借高超的驾驭形体的能力，塑造了一个威武的土著战士头像，也可能是一件图腾感的面具造型。英俊的面容、刚毅的眼神、紧闭的嘴唇、飘逸的头发、神秘的头饰，充满了阳刚的气息，气场十足。

该作品造型大气而简洁，转折关系明确，体量感强，镂空的处理增强了作品的空间感，给观者留下了深刻的印象。

第七章 冰雪之赏

该雪雕作品突出之处在于形式的新颖，将块状的雪坯分割成片状面具式，似一本翻开的书（国外队作品），形式感十足。作者写实功底强大，人物刻画准确、逼真。眼睛是心灵之窗，每片面具上同一形象不同眼神的刻画处理，表现了不同的内心世界，促使观者联想，充满了哲理，是整件作品最精彩的所在。

该雪雕作品是国际大学生雪雕比赛的作品，题材是我们生活中最常见但也最易忽视的物品——垃圾桶。作者以小题材取胜，追求突破。常见的作品题材不易使观众"惊奇"，但生活中的美无处不在，换个角度、换种思维，往往会收到意想不到的效果。这种现象更能引人深思。

该雪雕作品是国际雪雕大赛俄罗斯队参赛作品。整件作品造型设计紧凑,整体感强烈。利用伞形覆盖,塑造了一对小情侣的充满浓浓爱意的空间,营造出甜蜜的气氛,给人童话般的感受。

作品人物造型生动,有一定内心的刻画,环绕树木、拱桥、建筑,整体比例和谐,与人物尺度适宜,是一件非常具有雪雕语言艺术气息的优秀作品。

　　艺术作品的"一体感"与整体性塑造，一直是艺术家创作的重要维度表达。该雪雕作品通过"旋"的形式，将多层面的物种融合一体，斜向的律动充满生命感的张力。

　　作品不是客观世界的鱼、螺、鹰简单组合，而是进行创造性的有机融合。三者共为一体，缺一不可。整件作品既有雪雕的大气、体块感，又有肌理质感的细节表现，鹰羽毛的处理、鱼的鳞片造型等，都与海螺的肌理表现相协调。

　　一个由不同物种构成的"完整"的生物有机形态，表达了人类对物种世界的关联性、生态性的认知意识。这是一件具有较高艺术形式美又有生态环保主题意义的佳作。

　　弯曲裸露的钢筋、破损倾斜的建筑构件，遍布着弹孔的墙体，秃鹫在大快朵颐死亡马儿的尸体，遗落的炮弹、钢盔、弹箱等战争的痕迹，表达了战后的一片生灵涂炭之感，而幸存的小马驹又代表了新生的希望。

　　作者运用高度的写实技能，对形体的良好掌控，成功表现了一幅战争大片般大气磅礴的场景，震撼着每一个观者。墙体的破损质感、钢盔上的弹孔、马驹蹄下的毛毡等细节表现，都是作品成功的关键，表现了人类向往和平、远离战争的愿景。

张贵海

黑龙江省冰雪产业研究院院长，哈尔滨体育学院教授、博士生导师。兼任国家体育总局冰雪体育产业专家，国家文旅部旅游景区创意专家；黑龙江省政府重点培育智库首席专家。

主笔《中国旅游发展绿皮书》冰雪旅游部分，连续10年担纲《哈尔滨旅游发展蓝皮书》撰稿人，主持中央宣传部和国家教育部以及省级课题15项，获批实用新型专利6项，先后在国家和省级学术期刊上发表学术论文30多篇，出版专著《中国滑雪产业发展研究》和教材《滑雪旅游概论》等。多年来为吉林、河北、内蒙古、新疆等省区设计冰雪雕项目和冰雪创意规划方案。

侯卫东

哈尔滨市太阳岛风景区冰雪发展筹备办主任、"哈尔滨大工匠"荣誉获得者、哈尔滨市突出贡献中青年专家、哈尔滨"侯卫东高级技能人才（劳模）创新工作室"负责人、高级工艺美术师。黑龙江省民间文艺家协会冰雪文化专业委员会副主任。

付振宇

长春工程学院艺术设计学院副教授，公共艺术系主任。中国室内装饰协会设计教育委员会副主任委员，吉林省城市雕塑协会会员。任教二十几年，带领学生参加各类国际国内冰雪雕大赛多次获奖。

祝劲松

哈尔滨学院冰雪文化艺术研究中心主任，教授。2008年获哈尔滨市政府授予"冰雪艺术大师"荣誉称号。中国民间文艺家协会会员、黑龙江省民间文艺家协会冰雪文化专业委员会主任、哈尔滨国际冰雪雕竞赛赛事项目专家评委库成员、黑龙江省大学生冰雪竞赛赛事专家评委库成员。

出版专著《冰雪雕塑艺术》《现代冰雪景观艺术》。冰雪论文发表于《人民日报》《美术大观》等期刊。

姜晓斌

哈尔滨市第46中学校美术教师。特级教师（正高级教师）、全国优秀教师、省级名师工作室主持人。省模范教师、哈尔滨市"冰城卓越"教师、香坊区"劳动模范"。黑龙江省民间文艺家协会冰雪文化专业委员会理事。其冰雪雕塑作品在国际、全国全省专业比赛中屡获佳绩。

魏玉香

黑龙江外国语学院环境设计专业学科带头人，冰雪艺术工作室负责人，副教授。黑龙江省冰版画艺术联盟副秘书长，黑龙江省民间文艺家协会冰雪文化专业委员会副秘书长。任教十五年，带领学生参加各类国际国内冰雪雕大赛、环境设计专业设计大赛获奖百余项。

参考文献

[1] 李雪姣. 论紫砂壶《南瓜桩》的审美艺术和田园情趣 [J]. 陶瓷科学与艺术, 2020,54(06):94.

[2] 熊勇. 谈现代纤维艺术与建筑空间的融合 [J]. 美与时代（上）, 2023(11):98-100.

[3] 岳凤. 作为城市文化符号的冰雪艺术及其审美意象 [J]. 艺术评论, 2019(01):130-136.

[4] 杜娟, 宋伟. 论动画影像在新媒体艺术中的延伸与扩展 [J]. 今古文创, 2022(14):78-80.

[5] 杨鹏. 浅析冰雪雕塑艺术 [J]. 艺术科技, 2013, 26(04):77.

[6] 童强. 论当代艺术中的灰淡色调 [J]. 美术学报, 2022(04):94-101.

[7] 张景明. 东北民间雕塑的艺术特征 [J]. 内蒙古大学艺术学院学报, 2013, 10(04):57-61.

[8] 王悦. 光影艺术在现代景观设计中的应用探究 [D]. 天津：天津大学, 2012.

[9] 孙昊. 冰灯冰雕艺术数字化保护与传播研究 [D]. 哈尔滨：黑龙江大学, 2021.

[10] 王博星.浅析家具组合变化的美学研究[J].数码设计,2017,6(08):101-102.

[11] 龙永红.论马蒂斯绘画中"童趣"的研究[D].湘潭:湖南科技大学,2020.

[12] 于珑颖.当代艺术中以光影为媒介的空间塑造研究[D].大连:大连理工大学,2020.

[13] 李军,王小静,王强强.道家思想与中国传统园林设计[J].艺术教育,2017(23):184-185.

[14] 常炜.中国画的欣赏——浅谈美术课堂上学生如何欣赏国画[J].文理导航(中旬),2011(08):6.

[15] 叶禹辰.黑龙江水彩艺术风格研究[D].哈尔滨:哈尔滨师范大学,2021.

[16] 郑小艳.国画艺术中意境表现手法的变迁[J].艺术大观,2022(05):37-39.

[17] 李明明.黑龙江文化创意产业的新亮点[J].剧作家,2010(01):94-101.

[18] 孙晓玉.德国新古典主义和哥特复兴建筑装饰艺术比较研究[D].株洲:湖南工业大学,2013.

[19] 李传刚.冰雪雕塑的美学原则与技巧探究[J].美术教育研究,2015(24):32.

[20] 许一琳.电影艺术让作文教学活色生香[J].小学教学参考,2017(04):75-76.

[21] 段虎.艺术展览馆展示空间文化的传承与创新[D].郑州:河南大学,2011.

[22] 宋盼盼.雕塑艺术的感知维度[J].百科知识,2021(03):26-27.

[23] 范宝俊.新型城镇化背景下城市民俗旅游开发研究[D].哈尔滨:黑龙江大学,2016.

[24] 李鑫泽,汪伟亮,林立.冰雪雕塑艺术[M].哈尔滨:哈尔滨工业大学出版社,2008.